Armin Fischer

Alleinerziehend. Männlich. Gut.

Der Ratgeber für Single-Väter

humboldt

Bibliografische Information der Deutschen Nationalbibliothek
Die Deutsche Nationalbibliothek verzeichnet diese Publikation in der Deutschen Nationalbibliografie; detaillierte bibliografische Daten sind im Internet über http://dnb.ddb.de abrufbar.

ISBN 978-3-89994-215-6

Der Autor: Der renommierte Journalist Armin Fischer beschäftigt sich seit geraumer Zeit mit den Themen Familie, Partnerschaft und Kinder. Als alleinerziehender Vater zweier Kinder weiß er, wo Single-Papas der Schuh drückt. Für dieses Buch hat er die Erfahrungen vieler alleinerziehender Väter aus ganz Deutschland gebündelt.

Originalausgabe

Ein Imprint der Schlüterschen Verlagsgesellschaft mbH & Co. KG,
Hans-Böckler-Allee 7, 30173 Hannover
www.schluetersche.de
www.humboldt.de

Lektorat: Maria Anna Söllner, München
Covergestaltung: DSP Zeitgeist GmbH, Ettlingen
Innengestaltung: akuSatz Andrea Kunkel, Stuttgart
Titelfoto: getty images
Satz: PER Medien+Marketing GmbH, Braunschweig
Druck: Schlütersche Druck GmbH & Co. KG

Hergestellt in Deutschland.
Gedruckt auf Papier aus nachhaltiger Forstwirtschaft.

Inhalt

Vorwort

Als ich meinem besten Freund davon erzählte, dass ich dieses Buch schreiben würde, grinste er frech und klopfte sich auf die Schenkel: „Gehst du jetzt zur Hausmann-Fraktion? Wirst du zum stubenhockenden Plüschtiger?“ Er kannte mich anders. Etwa als Tester der neuesten Corvette (dieser Sportwagen mit dem nicht allerbesten Image ist tatsächlich ein „Ladykiller“ mit Spaßgarantie) oder mit einem Porsche-Turbo unter dem Hintern. Nun ja, ich war in diese Situation des alleinerziehenden Vaters ja eher ungewollt hineingerutscht, aber es gab kein Zurück mehr. Sportwagen werden keine mehr getestet, stattdessen unternehme ich in der Stadt fast alles mit dem Fahrrad. Zum Glück fiel mir dann im Gespräch noch der Film *About a Boy* mit Hugh Grant ein, und ich gab meinem Freund eine Kurzfassung des Inhalts: „Dieser Kerl da im Film, Will Freeman, wird von all seinen Kumpels beneidet – er fährt ein flottes Auto, hat eine Menge Affären und lebt ohne große Verantwortung in den Tag hinein. Der Clou ist aber seine neueste Taktik, um Bekanntschaften zu schließen: Er besucht Selbsthilfegruppen für Alleinerziehende und sitzt plötzlich als einziger Mann unter Dutzenden von gut erhaltenen, ausgehungerten alleinerziehenden Müttern.“ (Den ernsten Teil des Films ließ ich weg!) Mein Freund starrte mich neidvoll an: „Ehrlich? Das ist ja besser als eine Corvette!“

Zu meiner Schande muss ich gestehen, dass ich den Film nie gesehen habe. Aber immerhin, er lieferte ein nettes Argument. Was ich mit der kleinen Geschichte sagen will: Man kann es so oder so sehen. Sie können als Alleinerziehender jammern oder die positiven Seiten Ihrer Situation erkennen. Die wichtigste Erfahrung: Sie werden Ihr Kind/Ihre Kinder viel besser kennenlernen. Und nutzen Sie die Chance, um auch mehr über sich selbst zu lernen. Werden Sie alleinerziehend, männlich und richtig gut!

Es gibt Trends, die unübersehbar wie eine Flutwelle daherkommen, und andere, die wie Strömungen unter dem Meer unsichtbar verlaufen. Klar sichtbar ist (zumindest für die Statistiker), dass die klassische Familie in unserer Gesellschaft immer mehr an Boden verliert. Stattdessen gibt es stetig mehr Alleinerziehende und Patchwork-Familien, die sich aus zersplitterten Restfamilien neu konstituieren. Eine geradlinige Familienbiografie ohne extreme Brüche scheint langsam zur Ausnahme zu werden. Fast ein Drittel aller minderjährigen Kinder lebt heute bereits in, wie die Statistik sie nennt, „alternativen Lebensgemeinschaften". Die amtlichen Zähler, etwa vom Statistischen Bundesamt, rechnen dazu alles, was eben keine klassische Familie (mit beiden leiblichen Eltern und den Kindern unter einem Dach) ist.

Mit dem großen Trend gehen andere, eher verdeckte, einher: Die Zahl der alleinerziehende Väter steigt rasant. Zum einen, weil es eben insgesamt mehr Alleinerziehende gibt, zum anderen, weil es heute nicht mehr ganz so zwangsläufig wie früher ist, dass die Kinder nach einer Trennung bei der Mutter leben. Drei Gründe: Väter wollen heute nach einer Trennung aktiv mehr Verantwortung für ihre Kinder übernehmen, Mütter lassen häufiger ihre Kinder beim Vater einfach zurück und „legen die Mutterrolle ab", Gerichte entscheiden in Zweifelsfällen schon mal für den Vater (obwohl es den Mutterbonus immer noch ausgeprägt gibt.) Die Folge: Familien mit dem Vater als alleinerziehendem Elternteil sind heute die am schnellsten wachsende Familienform.

Obwohl die Zahlen aufgrund unterschiedlicher Zählkriterien variieren, sind die Zeichen eindeutig: Die Foren im Internet, auf denen sich alleinerziehende Väter äußern, sind zahllos. Nie wurde in den Medien so häufig über alleinerziehende Väter berichtet wie heute. Die Palette reicht von Soap-Operas im Fernsehen bis hin zu tiefschürfenden und ernsthaften Reportagen in der Tageszeitung. Wer mit dem Thema beruflich zu tun hat, spürt den Trend am deutlichsten: Die Betreiberin einer Au-pair-Agentur etwa bilanziert: „Vor zehn Jahren haben sich vielleicht zwei alleinerziehende Väter pro Jahr bei mir gemeldet, heute sind es zwei pro Woche."

Lobby haben die alleinerziehenden Väter allerdings noch keine. Von der Politik werden sie, wie auch bis vor Kurzem noch von der Wissenschaft, ignoriert. Schlimmer noch: Auch im persönlichen Umfeld, in ihrer Stadt, bei Ämtern und Behörden, sogar bei psychologischen Beratungsstellen kommen sich die Single-Daddys häufig recht verloren vor. Ihre gesellschaftliche Rolle ist noch nicht definiert – und genauso wenig haben sie sich selbst gefunden.

Dieses Buch soll helfen, ein wenig klarer zu sehen. Geschrieben wurde es von einem alleinerziehenden Vater (zwei Töchter im Alter von acht und zwölf Jahren) vor allem für andere alleinerziehende Väter. Neben vielen konkreten Tipps für das tägliche Leben, für den Umgang mit der Ex über Gerichtssachen bis hin zur Organisation des Haushalts hat es als wichtigste Botschaft: Ihr seid nicht allein. Auch für Menschen, die mit der Thematik beruflich zu tun haben, Mitarbeiter von Selbsthilfegruppen, Sozialpädagogen, Psychologen, Rechtsanwälte, Richter und viele andere, bietet das Buch nützliche Hinweise, so hoffe ich. Und besonders gespannt bin ich auf die Reaktionen der alleinerziehenden Mütter.

Als Basis des Textes dienen neben ausführlicher Recherche und eigener Erfahrung die Gespräche mit rund zwei Dutzend Single-Daddys, die in zum Teil tiefgehenden und sehr persönlichen Interviews aus ihrem Leben erzählten. Ihnen allen möchte ich danken.

München, im Sommer 2008

Armin Fischer

Der Single-Papa, die unbekannte Spezies

Immer mehr Männer in unserer Gesellschaft machen eine ganz neue Erfahrung: die des alleinerziehenden Vaters. Es ist eine Erfahrung, die schockiert, verstört und gleichzeitig bereichert. Oder, wie es Jörg P., ein seit Kurzem alleinerziehender Vater aus Düsseldorf, ausdrückt: „Als ich plötzlich mit meiner Tochter Jenny alleine war, merkte ich zum ersten Mal so richtig deutlich: Mensch, du bist ja ein Vater, du hast ein Kind!"

Während die Männer noch improvisieren und sich neu erfinden, ist die alleinerziehende Mutter ein altbekanntes Phänomen. Um ihr Schicksal ranken sich literarische Werke, Schnulzen und dramatische Heimatromane sowie zahllose wissenschaftliche Studien. Die Frauenliteratur der 1970er und 1980er hat einen ganz eigenen Zweig mit Lebensratgebern, Schmökern und Erziehungshandbüchern hervorgebracht. Frauen haben das Thema gewissenhaft verortet und für sich gepachtet. Zu Recht. Auch alleinerziehende Väter gab es zwar schon immer, aber es waren einfach zu wenige, um irgendein Interesse zu wecken. Zwar sind Single-Daddys auch heute noch die Ausnahme, doch ihre

Ca. 87 % der Alleinerziehenden sind Frauen, 13 % sind Männer.

Zahl wächst schnell. Die Einelternfamilie mit alleinerziehendem Vater ist, betrachtet man verschiedene Statistiken, sogar die am schnellsten wachsende Familienform.
Die Zahl der Alleinerziehenden-Haushalte nimmt insgesamt zu: Laut Statistischem Bundesamt gibt es in Deutschland mehr als 2,5 Millionen Alleinerziehende, davon sind rund 2,2 Millionen Mütter und rund 330 000 Väter. Oder anders gesagt: Rund 87 Prozent der Alleinerziehenden sind Frauen, 13 Prozent sind Männer. Es wird aber vielleicht nur noch ein paar Jahre dauern, und die Single-Daddys knacken die 20-Prozent-Grenze. Die Gründe dafür sind vielfältig: Die Trennungstendenz steigt weiter, etwa jede dritte Ehe in Deutschland wird geschieden, bald wird es jede zweite sein. Zudem gleicht sich die berufliche Situation von Männern und Frauen weiter an. Dass beide (teilzeit-)berufstätig sind oder sich im Erwerbsleben abwechseln, ist keine Seltenheit mehr. Neben Phasen des Berufslebens treten solche von Arbeitslosigkeit, Umorientierung oder Erziehungszeit, auch für Männer. Patchwork wird zur Normalität. Gleichzeitig werden die Frauen konsequenter, nicht selten auch radikaler in ihrem Verhalten. Was früher nur Männer machten, tun jetzt auch sie: einfach zu gehen. Dabei die Kinder mitzunehmen, ist keine Selbstverständlichkeit mehr. Am härtesten trifft es dann übrigens diejenigen Männer, die aus einer Partnerschaft mit traditioneller Arbeitsteilung kommen, denn sie müssen sich komplett umorientieren.

Langsam tritt der alleinerziehende Vater ins Rampenlicht, lässt sich betütteln, bedauern, bewundern oder studieren. Gerade Wissenschaft und Politik haben riesigen Nachholbedarf: „Denn", so schreibt etwa die Soziologin Nina Hucklenbruch in einer kürzlich erschienenen Arbeit (↑ Literatur, S. 151), „wenn (bisher) die Lebenssituation alleinerziehender Eltern thematisiert wird, werden Väter zumindest gedanklich meist außen vor gelassen. Aktuelle Studien befassen sich mit der Rolle der Väter im Speziellen auffällig selten. Meist werden sie der Gruppe alleine erziehender Mütter zugeordnet und [...] lediglich pro forma mit erwähnt." Und das bringt ziemlich wenig Erkenntnisgewinn. Denn Single-Papas sind eine ganz eigene Spezies. Und auf jeden Fall ein wenig anders, als das Klischee vermuten lässt.

Politik und Wissenschaft lassen Single-Daddys meist links liegen.

Der Single-Papa – ein Held, ein echter Kerl!

Die Essenz des Single-Papa-Daseins, die ich Ihnen jetzt darstelle, beruht, wie alle Erkenntnisse in diesem Buch, auf ausführlichen Interviews mit 25 alleinerziehenden Vätern, auf vielen Gesprächen mit alleinerziehenden Müttern sowie Frauen im Allgemeinen, Expertenstimmen – und natürlich eigenen Erfahrungen.

Der Single-Papa ist ein männlicherer Mann

Sein Leben allein zu meistern, ist nicht schwer. Doch erst, wenn Sie Verantwortung nicht nur für sich selbst, sondern auch für andere übernehmen, werden Sie zu einem richtigen Kerl. Frauen werden sich Ihnen gerne anvertrauen, weil sie bei Ihnen in guten Händen sind. Luftikusse sind vielleicht nett für einen Abend, aber echtes Interesse haben Frauen an standfesten Männern, die ihr Leben meistern. Sofern Sie es zulassen, werden die Frauen auf Sie fliegen. Das heißt allerdings nicht zwangsläufig, dass sie sich auch um Ihre Kinder kümmern wollen. Nehmen Sie das Interesse an ausschließlich Ihrer Person als Kompliment.

Er ist ein fürsorgender, treusorgender Vater

Fast alle alleinerziehenden Väter stellen die Interessen des Kindes/der Kinder ganz oben an und verzichten dafür persönlich und beruflich auf einiges. Die Prioritäten werden ganz automatisch neu und richtig gesetzt: Männer können sehr gut die wirklich wichtigen Dinge erkennen, wenn sie erst in der entsprechenden Situation sind. Vermutlich besser als so manche Karrierefrau mit Kind.

Er ist ein guter Zuhörer und wertvoller Freund

Aus Krisen geht man gestärkt hervor. Sie haben allerhand in Ihrem Leben erlebt, auch einiges, das Sie erschüttert hat.

Wenn Sie dies bewältigt haben, werden Sie ein reiferer Mensch sein. Sie sind dann auch sensibler gegenüber Problemen anderer, werden zum guten und mitfühlenden Zuhörer und können vielleicht sogar anderen Hilfe geben. Ihr Rat als Freund wird gesucht und geschätzt.

Er ist ein Traumpartner für viele Frauen

Ihre Tatkraft, Ihr gestärkter Charakter und das Setzen Ihrer eigenen Prioritäten machen Sie zu einem Wunschpartner für viele Frauen. Hinzu kommt, dass Sie auch emotionale Tiefe gewonnen haben und die Lebenswirklichkeit vieler Frauen besser verstehen. Diese Mischung aus Sensibilität und Bestimmtheit zieht Frauen an. Machen Sie sich klar, dass es für viele Frauen gar nicht so entscheidend ist, wie Ihre familiäre, berufliche oder finanzielle Situation derzeit konkret aussieht – sondern wie Sie damit **umgehen**. Seien Sie ein Kerl, der mitten im Leben steht.

Er ist Überlebenskünstler

Sie müssen vielen Ansprüchen gleichzeitig gerecht werden. Zuallererst ein guter Vater für Ihre Kinder sein, nebenbei Ihren Beruf nicht schleifen lassen und Geld verdienen. Ein halbwegs vernünftiges Verhältnis zu Ihrer Expartnerin aufbauen, damit ein geregelter Umgang zwischen Kindern und Mutter stattfinden kann. Das Leben der Kinder strukturieren und planen. Und dabei Ihre eigenen

Bedürfnisse nicht vernachlässigen: Reisen, Hobbys nachgehen, Freundschaften pflegen, ausgehen, vielleicht flirten und sich neu verlieben. Liebe, Sex, neue Dramen, Eifersucht und Leidenschaft: Wenn das alles in Ihrem neuen Leben (schon wieder) eine Rolle spielt – dann sind Sie ein Überlebenskünstler.

Was viele Single-Papas gemeinsam haben

Nun aber wieder etwas ernsthafter: Die wenigen aktuellen Untersuchungen zeigen, dass man die Rolle alleinerziehender Väter und Mütter nicht gleichsetzen kann. Beide haben eine unterschiedliche Ausgangsbasis, eine andere Herangehensweise an die Situation und unterschiedliche Problemlösungsstrategien. Auch bewerten Männer und Frauen ihre (neue) Rolle als Alleinerziehende anders und erzielen unterschiedlichen Gewinn daraus. Und schließlich geht das Umfeld, Schule, Freunde, Kindergarten anders mit ihnen um. Es ist einfach wie immer: Männer und Frauen sind grundverschieden, auch hier. Die Männer aber berappeln sich gerade mal. Für sie besteht laut Nina Hucklenbruch (↑ Literatur, S. 151) „die Problematik (darin), sich ihre Vaterschaft eigenständig konzipie-

Auch als Alleinerziehende gehen Männer Probleme anders an als Frauen.

ren zu müssen und – ohne greifbare Vorbilder – neue Strategien zu entwickeln."

Viele Männer haben für dieses Buch aus ihrem Leben erzählt und von ihren Erfahrungen berichtet, zum Teil in sehr ausführlichen und tiefgehenden Interviews. Sie sind die wichtigste Quelle dieses Textes. Dazu kamen die Aussagen vieler Experten (u. a. von Psychologen, Mitarbeitern von Beratungsstellen, Juristen) und eine große Zahl von Studien und Statistiken. Danach lassen sich einige wesentliche Dinge festhalten:

- Dem Status alleinerziehender Vater gehen überdurchschnittlich häufig sehr konfliktreiche Trennungen voraus.
- Oft werden die Väter in die neue Rolle regelrecht gedrängt, indem die Mutter die Kinder einfach zurücklässt. Häufig entscheiden sich die Männer sich zum Wohl der Kinder dafür, sie zu sich zu nehmen. In den seltensten Fällen aber geht eine klare Absprache und ein durchdachtes Handeln beider Partner voraus.
- Wegen der häufig konfliktbeladenen Trennung reißt der Kontakt der Kinder zur Mutter in vielen Fällen (zumindest vorübergehend) ab.
- Die Mehrzahl der Männer versucht das Kind / die Kinder, so gut es geht, in ihr bisheriges Leben zu integrieren und an der Arbeitssituation möglichst wenig zu ändern – obwohl das häufig nur schwer gelingt.

- Weniger alleinerziehende Männer als Frauen beziehen öffentliche Transferleistungen wie ALG II oder Sozialhilfe: 2006 lebten laut Statistischem Bundesamt 56 Prozent der alleinerziehenden Mütter und 75 Prozent der alleinerziehenden Väter überwiegend von Erwerbs- und Berufstätigkeit.
- Falls Männer allerdings ihren Job verlieren, stehen sie noch schlechter da als alleinerziehende Mütter, weil sie deutlich seltener Unterhaltszahlungen von der ehemaligen Partnerin bekommen (↑ S. 83).
- Alleinerziehende Väter fühlen sich häufiger orientierungslos und haben weniger Kontakt zu Gleichgesinnten. Organisationsprofile von Selbsthilfeeinrichtungen sind hauptsächlich an den Bedürfnissen alleinerziehender Mütter, nicht aber an denen der Väter orientiert.
- Die Reaktion der Umwelt auf alleinerziehende Väter ist wesentlich uneinheitlicher als bei Müttern: Neben Respekt und Anerkennung, manchmal auch deutlicher Überbetonung der „tollen Leistung“ gibt es auf der anderen Seite auch oft Reaktionen der Ablehnung und des Widerwillens. Häufig wird auch der Zweifel geäußert, ob der Mann tatsächlich in der Lage sein wird, auf lange Sicht sein Kind/seine Kinder zu versorgen.

Soweit die trockenen Fakten. Für Sie als betroffener Mann geht es darum, sich der Situation erst einmal bewusst zu werden und auf dieser Basis Ihr zukünftiges Leben neu zu definieren. Lassen Sie sich nicht in einen Topf mit alleinerziehenden Müttern werfen. Das bringt Ihnen überhaupt nichts. Langsam setzt sich diese Erkenntnis auch bei Psychologen, Sozialpädagogen, Jugendamtmitarbeitern und Anwälten durch, die sich professionell mit dem Thema beschäftigen. (Zur ganz besonderen Sichtweise der Richter ↑ S. 100.)

Feilen am neuen Rollenbild

Die Vaterrolle in der heutigen Gesellschaft ist nicht mehr homogen. Was sie wahrscheinlich noch nie wirklich war, aber die öffentliche und wissenschaftliche Diskussion hat sich doch bis vor nicht allzu langer Zeit fast ausschließlich am traditionellen Vaterbild, dem Ernährer, Familienoberhaupt und Entscheider in allen familiären Belangen orientiert.

In der heutigen Lebenswirklichkeit kann die Rolle des Vaters ganz offensichtlich vielfältig sein: tatsächlich vom Alleinverdiener und Ernährer, der die Kinder kaum sieht, bis hin zum Hausmann, der die traditionellen Mutterpflichten übernimmt. Entscheidend ist das Spannungsfeld dazwischen. Hier findet heutzutage bei den meisten Menschen – Männern wie Frauen – das wirkliche Leben statt.

Insofern ist auch der Schock, wenn ein Mann zum alleinerziehenden Vater wird, sehr unterschiedlich: von einer totalen Erschütterung des bisherigen Daseins bis hin zu einer leichten Veränderung des Normalzustands. Dennoch ist es natürlich nach wie vor so, dass Männer, die – geplant oder überraschend – die Rolle des Alleinerziehers übernehmen, tendenziell häufiger und stärker etwas an ihrer Lebenssituation verändern müssen, als Frauen. Insbesondere eben dann, wenn sie aus einer Partnerschaft mit traditioneller Rollenverteilung kommen.

Bemerkenswert ist aber: Egal welche Rolle die Männer vorher einnahmen, praktisch alle empfinden das Zusammensein mit ihrem Kind / ihren Kindern langfristig als Bereicherung. Jörg P. (41), bis vor Kurzem in einer Führungsposition in einem Verlag in Düsseldorf, drückt es stellvertretend für viele so aus: „Ich musste, nachdem meine Exfrau unsere Tochter Jenny bei mir gelassen hatte, mein Leben stark ändern. Meinen 12-Stunden-Arbeitstag konnte ich so nicht weitermachen, meinen Dienstwagen musste ich zurückgeben. Heute arbeite ich als freier Mitarbeiter mit flexiblen Arbeitszeiten und einem Viertel des Gehalts von damals. Dennoch: Als ich Jenny bei mir hatte und plötzlich für sie da sein musste, war das wie ein Erweckungserlebnis. Ich merkte zum ersten Mal wirklich, dass ich ein Kind hatte. Ich musste zum ersten Mal wirklich Verantwortung im privaten Bereich übernehmen. Ich möchte auf diese Erfahrung nicht verzichten. Jenny und ich sind heute ein tolles Team. Ich bin jetzt erst so richtig Vater geworden."

Andere Väter empfinden diesen Übergang als viel fließender, vor allem wenn sich früher schon beide Elternteile mehr oder wenig arbeitsteilig um Kinder und Haushalt kümmerten. Weil beide – zumindest auf Teilzeitbasis – berufstätig waren. Gemeinsam ist aber allen die hohe Zufriedenheit und die deutlich erhöhte Lebensqualität gegenüber Trennungsvätern, die lediglich ein Umgangsrecht haben und ihre Kinder nur gelegentlich sehen können. Das bestätigt auch eine für das Bundesjustizministerium erarbeitete Studie zu den Auswirkungen des neuen Kindschaftsrechts, die nach einer Umfrage bei rund 7000 Eltern Folgendes ergab: „Mütter und Väter, die mit ihren Kindern zusammenleben bzw. zufriedenstellenden Kontakt zu ihnen haben, sind grundsätzlich mit ihrer Situation [...] zufriedener als Eltern, die von ihren Kindern getrennt leben oder nur wenig Kontakt zu ihnen haben."

Alleinerziehende Väter haben eine höhere Lebensqualität.

Wie hart es dagegen oft Trennungsväter trifft, die um den Umgang mit ihren Kindern kämpfen müssen, die als „gebrauchter" Mann von ihren Expartnerinnen abgelegt werden und am liebsten ganz aus deren Leben verbannt würden, lässt sich zur Genüge in einschlägigen Internetforen nachlesen. Ein Forenbetreiber schreibt bitter: „Väter haben in diesem Land keine Rechte und keine Behörde, die sich um ihre Belange kümmert, solange sie nicht in einer Familie oder Senior sind. Väter alleine interessieren keinen."

Papas im Internet

Im Internet finden alleinerziehende Väter zwei Gruppen von Websites: Die einen wenden sich in erster Linie an Trennungsväter, bieten aber „Unterforen" für alleinerziehende Väter, z. B.: www.vatersein.de, www.pappa.com, www.vaeter.de und www.vater.ch
Andere Seiten wenden sich an Alleinerziehende ganz allgemein – hier kommt man dann meist mit Frauen ins Gespräch, z. B. auf www.allein-erziehend.net oder www.alleinerziehend.info, www.allein-erziehend.at oder www.1eltern.ch – klicken Sie sich einfach mal durch.

Falls Sie zur trendsetzenden Gruppe der Single-Daddys gehören, haben Sie nun Schwarz auf Weiß, was Sie schon ahnten: Es geht Ihnen vergleichsweise gut.

Urplötzlich allein mit Kids

Was würden Sie machen, wenn Sie nichtsahnend von der Arbeit nach Hause kommen und Ihre Wohnung versinkt im Chaos, es sieht nach Umzug aus. Von Frau und Kind keine Spur. Auf dem Küchentisch finden Sie einen Zettel: „Der Kleine ist bei der Nachbarin. Hole ihn ab!" Das klingt ganz schön beängstigend, oder? Viele Fälle, die mir erzählt wurden, sind so oder noch viel dramatischer verlaufen. Dieses Kapitel ist also kein besonders heiteres. Es hat mit Tränen, Trennung, Schmerz und Schock zu tun. Und doch gehört es hierher. Denn damit fängt alles an.

Lars (37) aus Heidelberg hat es so erlebt: Die Ehefrau fährt in Urlaub – und kommt einfach nicht zurück. Der alleinerziehende Vater (mit Sohn Tim*, 7) erinnert sich: „In unserer Beziehung kriselte es, wir hatten uns irgendwie ‚entliebt', alles war anstrengend und belastend geworden. Meine Frau schlug vor, einmal alleine in Urlaub zu fahren. Für zehn Tage nach Lanzarote. Sie wolle durchatmen, sagte sie. Weg von allem und einen klaren Kopf bekommen. Ich bin selbstständiger Versicherungsvertreter und kann mir meine Zeit einigermaßen einteilen. Tim war damals fünf Jahre alt und vormittags sowieso im Kindergarten. Also

* Kindernamen in diesem Text sind in den Fällen, in denen es der Zusammenhang erforderte, geändert.

ließ ich meine Frau ziehen. Ich hoffte wirklich, dass nach dem Urlaub zwischen uns alles wieder besser laufen würde. Aber nach einer Woche bekam ich eine E-Mail von ihr. Sie schrieb, sie werde vorläufig nicht wiederkommen und ich solle mich alleine um Tim kümmern. Mir zog es den Boden unter den Füßen weg. Ich versuchte, sie anzurufen, schrieb E-Mails – ich erreichte sie nicht mehr. Sie tauchte für zwei Monate völlig ab, erst dann meldete sie sich wieder. Inzwischen weiß ich, dass sie mit ihrem neuen Lebenspartner auf Gomera lebt. Sie schwört, dass sie unseren Sohn liebt, aber sie könne nicht zu mir zurück. Das ist jetzt alles fast zwei Jahre her. Nächsten Monat ist der Scheidungstermin, zwischendurch hat sie Tim nur zweimal gesehen."

Für viele Männer beginnt der neue Lebensabschnitt überraschend.

Für viele Männer, die zu alleinerziehenden Daddys werden, beginnt dieser neue Lebensabschnitt überraschend, manchmal sogar schockartig. Während Frauen sich den Schritt, alleine mit Kind zu leben, oft lange und gründlich überlegen – manchmal jahrelang – sind Männer fast immer spontan und unvorbereitet mit der neuen Situation konfrontiert. Der Weg, den die Partnerin aus der Beziehung wählt, kann ganz unterschiedlich sein, fast immer aber geschieht es überraschend: Mal lässt die Ehefrau oder Lebenspartnerin radikal ihr altes Leben zurück, zieht zu einem anderen Mann und hat in dem Moment auch kein Interesse mehr an den Kindern. Oder sie flüchtet aus der Beziehung, sucht Hilfe bei Freundinnen, Eltern, Therapeuten. Der Zustand „alleinerziehender Vater“ wird also häufig von der Mutter herbeigeführt. Selten sind die Fälle, in denen ein Vater vor Gericht um seine Kinder kämpft und diese – gegen den Willen der Frau – zugesprochen bekommt. Denn die Gerichte entscheiden im Zweifelsfall immer noch sehr traditionell, also für die Mutter.

Der Tag X steht nicht im Kalender

Dirk (39) aus Hamburg, alleinerziehend mit Katja (9) und Sonja (6): „Meine Frau Kerstin hatte BWL studiert und dann aber nichts daraus gemacht, wegen der Familie. Unbewusst warf sie mir das vor. Es wurde immer schlimmer. Sie wurde unerträglich, und das Familienleben bedeutete ihr nichts mehr. Sie schlief auch nicht mehr mit mir. Dieser Zustand zog sich über fast ein Jahr hin. Als es nicht mehr ging, beschlossen wir, uns zu trennen. Sie wollte einen Job in Frankfurt annehmen. Und sie schlug vor, dass die Kinder bei mir bleiben sollten – in ihrem gewohnten Umfeld. Obwohl der Vorschlag an sich vernünftig war – das Umfeld mit Schule und Kindergarten stimmt, die Oma wohnt um die Ecke – fiel ich aus allen Wolken.“

Die meisten Fälle verlaufen ungeplant, turbulent und dramatisch.

Dirk hatte Zeit, sich auf den Tag X einzustellen. Er informierte seinen Arbeitgeber, handelte eine Dreiviertel-Stelle aus, bei der er um 15.30 Uhr nach Hause gehen konnte. Er sprach mit Lehrern und Erziehern, dem Jugendamt und vorsorglich mit seiner Anwältin. Das Ende kam dann doch überraschend: „Meine Ex war von einem auf den anderen Tag weg, nur mit ein paar Taschen und Koffern. Einen normalen Abschied hätte sie wahrscheinlich nicht übers Herz gebracht."

Es kann noch viel schlimmer kommen. Je zerstrittener die Partner sind, umso turbulenter und planloser geschieht die Trennung – und die Kinder werden dabei zu hilflosen Spielbällen. Oft werden sie unvermittelt zurückgelassen, oder sie kommen über Umwege zum Vater: über Verwandte, durch Vermittlung des Jugendamtes, über einen Anwalt oder durch eine Gerichtsentscheidung. Leider verlaufen die wenigsten Fälle geplant, überlegt und mit klaren Absprachen zwischen den Elternteilen.

Daher der berechtigte Schock bei vielen Betroffenen. Wie nun damit umgehen? Machen Sie sich erst einmal klar, dass alleinerziehend zu sein nun wirklich nichts Besonderes ist: Fast 20 Prozent der Frauen, die Kinder großziehen, tun dies alleine, ohne den Kindsvater an der Seite. Viele davon schleppen sicher auch Frust mit sich rum, manche vielleicht sogar Hassgefühle gegen den Expartner. Viele müssen sich mit unerfüllten Unterhaltsforderungen abplagen.

andere wären froh, wenn der Vater überhaupt Interesse hätte, Sohn oder Tochter gelegentlich zu sehen. Also, die meisten dieser Frauen sind wirklich nicht zu beneiden. Aber sie schaffen es. Warum sollten *Sie* es also nicht schaffen? Ganz egal, wie überraschend Sie zum Single-Daddy wurden. Schließlich sind die Fälle von Männern, die mal kurz zum Zigaretten holen gehen und nicht wiederkommen, sprichwörtlich. Also: kein Gejammere, bitte!

Manche Geschichten aber, die Männer mir für dieses Buch erzählten, sind jedoch so dramatisch, dass einem mulmig wird. Der 31-jährige Neil aus Berlin erinnert sich: „In den Monaten der Schwangerschaft wurde meine Ex bereits immer launischer und war auch die meisten Abende immer unterwegs. Ich redete mir ein, dass sich das nach der Geburt des Kindes bessern würde. Die ersten zwei bis drei Wochen nach der Geburt lief es auch gut. Dann aber meinte sie auf einmal, sie wolle unserem Sohn die Brust nicht mehr geben. Sie ließ sich auch nicht dazu überreden, es zu tun. Ab diesem Zeitpunkt musste ich nachts aufstehen und Sean füttern. Mit etwa vier Wochen bekam er dann die sogenannten Dreimonatskoliken, und ich musste nachts noch öfters raus. Meine Ex reagierte sehr aggressiv auf meine Aufforderungen, aufzustehen und mir zu helfen: Einmal gipfelte es in dem Satz: ‚Nimm das Ding da weg, ich will schlafen' …"

Ab diesem Zeitpunkt war Neil klar, dass eine Zukunft als Familie nicht möglich ist. Als ein lange geplanter Umzug in eine neue Wohnung anstand, benutzte seine Expartnerin die Gelegenheit, um aus der Beziehung zu verschwinden. „Am Tag zuvor rief sie mich an und sagte, sie wolle bei einer Freundin schlafen, würde aber pünktlich zum Umzug wieder da sein. Doch sie kam nicht." So stand Neil also mit dem knapp einjährigen Kind zwischen den Kisten, Kartons und Möbeln und musste den Umzug alleine bewältigen. Vier Tage lang hörte er dann nichts von der Mutter. „Als sie endlich anrief, sagte ich ihr, dass die Beziehung endgültig beendet wäre und ich den Jungen bei mir behalten würde."

Und bei Martin (44) aus Kiel verlief es so, dass seine Frau nach siebenjähriger Ehe einfach von heute auf morgen abtauchte, mit dem damals fünfjährigen Mark. Wochenlang lang bemühte er sich dann, seinen Sohn wiederzusehen, schaltete einen Anwalt und sogar die Polizei ein. Ohne Erfolg, die neue Adresse seiner Frau war zunächst nicht zu ermitteln. „Aber dann rief mich plötzlich meine Schwester an. Meine Frau hatte Mark bei ihr abgegeben, mit den Worten, ich solle mich jetzt um den Jungen kümmern. Eine Begründung für dieses Verhalten gab es nicht."

Tipps zur Verarbeitung des ersten Schocks

- Verfallen Sie nicht in Panik. Sie haben doch kein Alien, sondern nur Ihr eigenes Kind zu Hause!
- Relativieren Sie Ihre Situation. Millionen von anderen Menschen geht es ähnlich.
- Akzeptieren Sie Ihre Situation. Sie können im Moment nichts daran ändern.
- Nehmen Sie ein Blatt Papier und schreiben Sie auf, was sich vermutlich in Ihrem Leben ändern wird.
- Schreiben Sie in die nächste Spalte, was sich nicht verändern wird. Schreiben Sie möglichst viele schöne Sachen in diese zweite Spalte (eine Menge davon können Sie jetzt zusammen mit Ihrem Kind erleben).
- Machen Sie einen Plan für die nächsten Wochen.
- Bauen Sie sich ein Netzwerk auf. Sprechen Sie mit Menschen über Ihre Situation. Vor allem mit Menschen in Ihrer Nähe, die hilfsbereit sind: Eltern, Geschwister, Nachbarn, Freunde, Bekannte aus Kindergarten und Schule. Es gibt viel mehr Menschen, die gerne helfen, als man denkt. Passen Sie dabei aber auf, dass Sie niemanden überstrapazieren.
- Nehmen Sie professionelle Hilfe in Anspruch. Es gibt in jeder Stadt Familienberatungsstellen, oft von freien Trägern. In größeren Städten gibt es Beratungsstellen für Alleinerziehende, Gesprächskreise, Selbsthilfegruppen usw. Suchen Sie sich ein Angebot, das zu Ihnen passt.

Dennoch: Auch Neil und Martin haben ihr Schicksal heute, knapp drei Jahre später, wieder selbst in der Hand. Martin: „Mark und ich sind ein tolles Team. Mit meiner inzwischen geschiedenen Frau gab es Anfangs keinen Kontakt, aber dann – durch die Vermittlung einer gemeinsamen Bekannten – trafen wir uns doch einmal in einer Elternberatungsstelle. Ich weiß inzwischen, dass sie einen neuen Partner hat, und mir ist auch klar geworden, dass in unserer Ehe allerhand falsch gelaufen ist. Während der Trennungsphase hatte sie extreme psychische Probleme, über die sie aber damals nicht mit mir sprach. Heute bin ich froh, dass mein Sohn Mark bei mir lebt. Hier hat er einen sicheren Halt und ein stabiles Umfeld."

Der Kampf um das Kind

Natürlich gibt es auch viele Fälle, in denen der Mann ganz gezielt das alleinige Sorgerecht oder zumindest das Aufenthaltsbestimmungsrecht anstrebt, um das Kind/die Kinder bei sich zu haben. Das Aufenthaltsbestimmungsrecht definiert, wer über den „gewöhnlichen Aufenthaltsort" des Kindes bestimmen darf und ist somit bei Streitfällen der Kernpunkt (↑ auch S. 41). Nur: Stehen sich Mann und Frau vor Gericht mit – sagen wir – gleich guten Karten gegenüber, hat

Viele Richter entscheiden immer noch sehr traditionell.

der Vater meist keine Chance, die Kinder zu sich zu holen. Die Richter entscheiden hier nach wie vor sehr traditionell (↑ S. 100). Dies ist ein wichtiger Grund, warum es in Deutschland rund achtmal so viel alleinerziehende Mütter wie Väter gibt. Es ist gar nicht so, dass Männer diese Rolle prinzipiell abweisen. Vielmehr wird sie ihnen gar nicht zugeteilt.

Wenn jedoch eine Mutter, die die Kinder bereits beim Vater abgegeben hat, es sich spontan doch wieder anders überlegt, haben es Väter gar nicht so leicht, ihre Position und ihre Rechte deutlich zu machen. Bei Uli P. etwa, einem alleinerziehenden Vater aus Dortmund, hatte das Jugendamt bereits entschieden, dass die damals neun- und elfjährigen Kinder bei ihm leben sollten. Bei einem Besuch in der Kleinstadt, in der sie früher zusammen mit der Mutter gewohnt hatten, kam es trotzdem zum Eklat: „Bei einem Telefongespräch, das ich nicht mitbekam, redete meine Exfrau meiner Tochter ein, von mir wegzulaufen und zu einem bestimmten Treffpunkt zu kommen. Jedenfalls war sie plötzlich weg. Mein Sohn und ich fuhren die Straßen ab, ich informierte natürlich auch sofort die Polizei. Zufällig trafen wir dann alle gleichzeitig am selben Punkt ein, meine Tochter, meine Exfrau, die Polizei und wir."

Da die Mutter behauptete, der Vater habe die Kinder entführt, nahm die Polizei alle mit zur Wache. Es war Samstagabend, vom zuständigen Jugendamt war niemand erreichbar. Also riefen die Beamten den Notdienst des Landratsamtes an, der schließlich eine Dame vom Jugendamt schickte. Uli P.: „Dieser Dame war unsere Situation nicht bekannt. Sie ließ sich zuerst von meiner Frau den Fall schildern. Ich kam daraufhin gar nicht mehr zu Wort. Die Dame vom Amt sagte nur zu mir: ‚Diese Sorte von Männern ist mir hinlänglich bekannt! Mir wird übel dabei!'" Zwei Stunden lang wurde auf der Polizeiwache gestritten, dann erst erreichte die Polizei den örtlichen Jugendamtsleiter. „Der machte endlich seiner Mitarbeiterin klar, dass sie mir die Kinder mitgeben müsse. Sie tat es widerwillig, erklärte aber, dass die Kinder wohl bald wieder bei ihrer Mutter sein würden. Aus diesem Grund untersagte sie mir, die beiden an ihrem neuen Wohnort in die Schule zu schicken!"

Wenige Wochen später bekam Uli P. in einem Eilverfahren vor Gericht das Aufenthaltsbestimmungsrecht für die Kinder. Inzwischen hat er das alleinige Sorgerecht für seinen Sohn und seine Tochter. Die Mutter hat den Kontakt zu den Kindern eingestellt.

Erstaunliche neue Erfahrungen

Alleinerziehende Frauen wissen es schon längst: Ohne Mann im Haus läuft es besser – jedenfalls in vielerlei Hinsicht. Ohne Frau auch. Nehmen wir Erziehungsfragen: Wie oft haben Sie sich in der Vergangenheit mit Ihrer Expartnerin über Erziehungsdetails gestritten? Wann das Kind ins Bett gehen soll, ob wirklich so viel Zucker auf das Müsli gekippt werden muss, wie sorgfältig die Hausaufgaben erledigt werden sollen, ob man den verdammten Fernsehkonsum radikal einschränken sollte oder nur moderat, welche Computerspiele erlaubt sind, ob man wirklich sinnleeres pinkfarbenes Spielzeug braucht oder lieber etwas Lehrreiches ... es gibt zahllose Beispiele.

Ohne Frau im Haus läuft es manchmal auch besser.

Diese Qual hat jetzt ein Ende. Ab jetzt gibt es nur noch eine Stimme: Ihre. Und die Ihrer Sprösslinge natürlich, mit denen Sie so eine Art monarchistisch gelenkte Basisdemokratie einführen sollten. Kinder wollen mitentscheiden, aber sie wollen auch, dass jemand Entscheidungen trifft, und das sind in der Regel Sie. Denn Kinder erwarten von uns, dass wir mehr wissen, als sie, dass wir fundierter entscheiden können. Und so sollte es sein.

Die Erziehungsdiskrepanzen mit Ihrer Ex sind Sie nun auf jeden Fall los. Sie werden sehen, dass alles viel geschmeidiger läuft. Es gibt weniger Streite, weniger Zeit- und Reibungsverluste. Bald werden Sie ein glänzend eingespieltes Team mit Ihrem Sprössling / Ihren Sprösslingen sein.

Sie sagen, Sie hatten nie unterschiedliche Auffassungen mit Ihrer Ex was die Erziehung betrifft? Nun, dann ist es wirklich schade, dass es diese Beziehung nicht mehr gibt (aber offensichtlich hatten Sie in vielen anderen Dingen recht unterschiedliche Auffassungen, oder?). Oder aber: Sie haben sich nie wirklich um Ihre Kinder gekümmert, haben einfach alles Ihrer Frau überlassen? Dann wird es aber jetzt höchste Zeit, dass Sie das nachholen!

Manchmal lohnt sich der Weg durch die Hölle

Plötzlich müssen Sie sich um alles kümmern: Kindergarten, Schule, Kinderarzt, Frühstück, Mittagessen, Abendessen, Ausflüge, Sport, Klavierunterricht, Schwimmkurs, Elternabende, Lehrergespräche, Impfungen, Schulnoten, Tränen, Depression und kindlichen Liebeskummer. Und noch eine Million anderer Dinge. Einige werden lästig sein, einige werden schnell zur täglichen Routine – und einiges wird ihr Leben auf eine Art und Weise bereichern, wie Sie es nicht erwartet hätten.

Der **Spielplatz** zum Beispiel. Bei mir war das so: Früher hatte ich diesen Spielplatz nur aus der Ferne gesehen, wenn ich zufällig mit dem Auto auf dem Weg zu einem beruflichen Termin vorbeifuhr. Ich mied ihn eigentlich wie die Pest. Die vielen Kinder! Das Geplärr und Geschrei, eine Tortur! Später dann, als ich mit meinen beiden Töchtern alleine war und die beiden noch im Spielplatzalter, wurde der nachmittägliche Gang dorthin fast zur Gewohnheit. Plötzlich fielen mir noch andere Sachen auf als das Kindergeschrei: Die jungen, hübschen Frauen. Es wimmelte von Frauen. Im Sommer legten sie sich mit Decken auf die Wiese neben den Sandkasten mit einem guten Schmöker – während der Filius sanft zum Spielen geschubst wurde. Oder sie setzten sich zusammen, öffneten eine Flasche Prosecco und packten ihre Schnittchen aus. Diese Frauen machten wirklich das Beste aus Ihren tristen Hausfrauen-Nachmittagen. Manchmal radelte ein abgehetzter Anzugträger vorbei und winkte einer der Frauen zu. Sie winkte lächelnd zurück und nippte an ihrem Prosecco. Bei sehr vielen dieser Frauen aber winkte niemand. Denn in einer Stadt wie München sind rund ein Drittel der Frauen auf so einem Spielplatz Alleinerziehende. Solo. Single-Frau mit Kind. Und als Single-Papa ist man dann, ohne es zu wollen – und ehe man sich versieht –, der Hahn im Korb (mehr dazu S. 114).

Auf dem Spielplatz sind Sie der Hahn im Korb.

Zu **Elternabenden** an der Schule war ich dagegen schon früher gegangen, als die Familie noch komplett war. Jetzt aber blieb es an mir alleine hängen. Auch da: Dreiviertel Frauen. Immerhin schleppen sich um 19 Uhr einige müde Daddys nach der Arbeit ins Klassenzimmer. Mit ziemlicher Sicherheit werden Sie aber der einzige alleinerziehende Papa im Raum sein. Wenn man dann ins Gespräch kommt, werden Sie erstaunte Aufmerksamkeit ernten. Bei solchen Versammlungen werden dann oft diverse Ehrenämter vergeben: Elternbeirat, Klassenelternsprecher und so weiter. Wenn Sie es dann möchten, wird die Wahl zwangsweise auf Sie fallen: endlich mal ein Mann! Noch dazu ein Alleinerziehender. Respekt! Wenn Sie sich dafür geschaffen fühlen, nehmen Sie die Ehre an. Immerhin bringt es Sie ins Gespräch mit anderen Eltern und anderen Alleinerziehenden. Sie merken, dass Sie nicht alleine in der Luft hängen. (Ich selbst habe mich aus Zeitgründen da immer zurückgehalten, möchte es aber ausdrücklich empfehlen: Wenn man Sie für so einen Posten vorschlägt, nehmen Sie ihn an. Lernen Sie dabei für sich selbst dazu, und tun Sie gleichzeitig etwas für die Allgemeinheit.)

Auch bei Elternabenden werden Sie auffallen.

Oder der Gang zum **Kinderarzt**: Die Hölle. 25 Kinder in einem kleinen stickigen Wartezimmer, die meisten tummeln sich am Boden, schreien und balgen sich. Am Rand auf den Stühlen die wartenden Mütter, Zeitung lesend oder ins Handy tippend. Nur zu gern hatte ich diese Gänge meiner Frau überlassen. Eine derart mit Kindern und Kinderkrankheiten vollgestopfte Arztpraxis – da kann man ja nur mit Pickeln oder Masern wieder rauskommen! Na ja, und da musste ich dann durch, reihte mich ein zwischen den wartenden Damen und spürte interessierte und neugierige Blicke, während ich im (mitgebrachten) *Spiegel* blätterte (denn meist gibt es dort nur *Freundin, Brigitte, Bunte, Für Sie* und *Der gute Rat*.) Und plötzlich begann die attraktive, schwarzhaarige Single-Mutter (mit Sohn Paul, Platzwunde am Kopf), mich anzuflirten …

Später war es dann auch interessant, den Arzt kennenzulernen, der mir den Sinn und Zweck des Impfbuchs erklärte und meinte: „Gerade noch rechtzeitig! Jetzt hätten wir ja beinahe ein paar wichtige Impfungen verpasst." Ich dankte ihm tausendmal. Als ich ging, war die schöne Mutter weg. Allerdings traf ich sie zwei Wochen später wieder – beim Einkaufen im Gemüseladen. Der Merksatz für diese Episode heißt: Ein Besuch beim Kinderarzt ist selten *nur* ein Besuch beim Kinderarzt. Und manchmal lohnt sich sogar der Weg durch die Hölle.

Entdecken Sie Ihr Kind neu

Die wichtigste neue Erfahrung, die Sie machen, wird aber direkt mit Ihrem Kind/Ihren Kindern zusammenhängen:

Vom Vater, der abends spät nach Hause kommt und die Kinder nur noch eine halbe Stunde vor dem Einschlafen zu Gesicht bekommt, werden Sie zum Teilhabenden. Sie sind nun der einzige Vertraute und Ansprechpartner für Ihr Kind – zumindest für eine gewisse Zeit. Sie lernen seine Sorgen kennen, seine Ängste, seine heimlichen Wünsche. Sie werden Ihr Kind ganz neu entdecken. Sie sehen es wachsen (und schnitzen alle paar Monate ganz stolz eine neue Kerbe in den Türrahmen), Sie sehen, wie es sich entwickelt. Sie können das Wunder, wie aus einem krabbelnden Etwas ein selbstbewusster 12-Jähriger wird, hautnah miterleben. Schreiben und Lesenlernen – das sind Abenteuer für das Kind. Oder Fahrradfahren, Schwimmen, Inline-Skaten. Haben Sie früher davon allzu viel mitbekommen? Vielleicht ist eine Menge an Ihnen vorbeigegangen. Aber jetzt geht es nur noch *mit* Ihnen vorwärts. Seien Sie stolz! Das sind sehr schöne neue Erfahrungen. Mütter machen sie ganz beiläufig. Für uns Männer ist es erst mal ein Schock und ein Wunder – gleichzeitig.

Im Dschungel neuer Begriffe

Nachdem Sie zum alleinerziehenden Vater „mutierten“ – wie auch immer es dazu kam –, werden Sie sich mit ganz neuen Begriffen auseinandersetzen müssen, die vorher in Ihrem Leben überhaupt keine Rolle spielten. Ein paar davon heißen Umgangsregelung, Aufenthaltsbestimmungsrecht, Alltagssorge, gemeinsames oder alleiniges Sorgerecht, Unterhaltsvorschuss, Trennungs- und Ehegattenunterhalt und sofort. Auf die meisten gehe ich in den folgenden Kapiteln genauer ein. Hier nur eine kurze Anleitung für den Schnellstart.

Das **gemeinsame Sorgerecht** ist heute bei einer Trennung der Eltern der Regelfall. Seit Einführung dieses neuen Modells im Jahr 1998 hat es sich etabliert und auch bewährt. Das alleinige Sorgerecht, das davor üblich war (und in der Regel der Mutter zugesprochen wurde), wird heute nur noch in sehr gut begründeten Ausnahmefällen von Richtern angeordnet. Sicher, auch wenn Sie Ihre Expartnerin zunächst einmal zum Teufel wünschen, der Gesetzgeber sieht in der gemeinsamen Sorge auch einen gewissen erzieherischen Faktor, der darauf einwirkt, dass die Expartner ihre Paarkonflikte außen vor lassen

Vater und Mutter bleibt man für immer.

und stattdessen daran denken, was für das Kind/die Kinder das Beste ist. Studien zeigen tatsächlich, dass es sich letztlich positiv (für das Kind/die Kinder) auswirkt, wenn beide Eltern in die Verantwortung einbezogen werden, auch wenn sie zunächst oft erst in das gemeinsame Boot gezwungen werden müssen. Die positiven Effekte sind messbar. Allerdings gibt es in manchen Fällen auch gute Gründe, die deutlich gegen ein gemeinsames Sorgerecht sprechen. Die muss man aber vor dem Richter darlegen.

Gemeinsames Sorgerecht

Das gemeinsame Sorgerecht nach einer Trennung ist seit der Einführung des neuen Kindschaftrechts am 1. Juli 1998 der Normalfall bei verheirateten Paaren und unverheirateten Paaren, die eine gemeinsame Sorge-Erklärung bei einem Notar oder beim Jugendamt abgegeben haben. Wenn Sie unehelicher Vater ohne Sorgerechts-Erklärung sind, geht das alleinige Sorgerecht zunächst auf die Mutter über. Wenn diese das Kind bei Ihnen lässt, werden Sie allerdings von jedem Gericht umgehend das gemeinsame Sorgerecht mit Aufenthaltsbestimmungsrecht oder sogar das alleinige Sorgerecht bekommen.

Das gemeinsame Sorgerecht meint weniger einen konkreten Plan, den man gemeinsam zu erfüllen hätte, keine Vorschrift irgendeiner Art. Das würde mit zwei sich streitenden Expartnern sowieso nicht funktionieren. Es ist mehr eine Symbolik, die dafür sorgt, beide Eltern nicht aus der Verantwortung zu entlassen und daran zu erinnern, dass sie beide Rechte und Pflichten gegenüber dem Kind/den Kindern haben.

Für Klarheit und Rechtssicherheit und vor allem Stabilität für die Kinder sorgt heute nicht das Wunschziel gemeinsames Sorgerecht, sondern es kommen andere Begriffe ins Spiel: das **Aufenthaltsbestimmungsrecht** und die sogenannte **Alltagssorge**.

Die elterliche Sorge (Sorgerecht) ist ein weites Feld. Sie umfasst nach den Paragraphen 1626 und 1629 des Bürgerlichen Gesetzbuches (BGB) die Personensorge, die Vermögenssorge und die gesetzliche Vertretung des Kindes, die wiederum weiter aufgegliedert sind. In der Praxis ist der wichtigste Aspekt der Personensorge das Recht über die Bestimmung des Aufenthalts des Kindes. Dieses Aufenthaltsbestimmungsrecht ist heute bei Auseinandersetzungen vor Gericht, bei denen es „um die Kinder geht", das A und O. Denn dieser Unteraspekt der elterlichen Sorge bestimmt, wo die Kinder leben sollen, bei Mutter oder Vater bzw. wer von beiden darüber entscheiden darf. Ihr Anwalt wird auch Ihnen deshalb vielleicht die Standardfrage stellen: „Sollen wir das alleinige Sorgerecht beantragen oder das Aufenthaltsbestimmungsrecht? Letzteres ist deutlich leichter zu bekommen."

Wer aber schließlich das Aufenthaltsbestimmungsrecht hat (und bei dem das Kind lebt), der hat die Alltagssorge – und somit ohnehin fast alle Karten in der Hand, gemeinsames Sorgerecht hin oder her. Aus Praktikabilitätsgründen schreibt § 1687 Abs. 1 BGB gegenseitiges Einvernehmen der Eltern (auch wenn gemeinsames Sorgerecht besteht) nur noch bei Angelegenheiten vor, „deren Regelungen für das Kind von erheblicher Bedeutung sind". Ansonsten hat der Elternteil, bei dem sich das Kind „rechtmäßig gewöhnlich" aufhält, die alleinige sogenannte Alltagssorge. Das heißt also, dass beileibe nicht jeder tägliche Kleinkram mit dem (mitsorgeberechtigten) Expartner besprochen werden muss. Auch nicht Hausaufgaben, Schulzeugnisse, Vereine, Hobbys, Sparbücher, Kontakte mit Verwandten und Freunden. Nichts davon. Und auch darüber, was für das Kind „von erheblicher Bedeutung" ist, lässt sich trefflich streiten. Das ist zunächst einmal in Ihr Ermessen gestellt. Keine Bange also wegen eines gemeinsamen Sorgerechts mit einer Expartnerin, mit der es eben keine Gemeinsamkeiten mehr gibt.

Wenn das Kind bei Ihnen lebt, haben Sie alle Karten in der Hand.

Allerdings, und das ist wesentlich, sollten Sie sich bemühen, langfristig das Verhältnis (wieder) zu verbessern. Denn es geht um die Interessen Ihres Kindes / Ihrer Kinder, nicht um Ihre eigenen.

Wenn das Verhältnis zu Ihrer Expartnerin relativ zerrüttet ist, dann sollten Sie als alleinerziehender Vater (falls Sie nicht ohnehin das alleinige Sorgerecht bekommen) in einem Urteil oder Vergleich vor Gericht neben dem Aufenthaltsbestimmungsrecht auch ausdrücklich Regelungen verlangen, die vorsehen, dass Sie über Passangelegenheiten und ähnliche Dokumente alleine entscheiden können. Gleiches gilt für schulische Angelegenheiten. Das erspart eine Menge Ärger und unnötige Reibungsverluste. Ins Urteil reinschreiben kann der Richter alles (auch skurrile Dinge, denn diese Beschlüsse sind frei formuliert). Sie müssen ihm nur sagen, was Sie wollen.

Die Basics sind geklärt – und wie geht's weiter?

Wenn das Kind/die Kinder dann bei Ihnen leben, kommt als nächster rechtlicher Aspekt das **Umgangsrecht** (Gesetzestext S. 51) ins Spiel. Es besagt, dass jeder Elternteil ohne weitere Voraussetzungen das Recht auf einen Umgang mit dem Kind haben darf – es also sehen und mit ihm zusammensein darf. Eingeschränkt werden kann das Umgangsrecht nur in schwerwiegenden Fällen, wenn zum Beispiel eine konkrete Gefahr für das Kind besteht, wenn es psychisch oder körperlich bedroht oder verletzt wird.

Begleiteter Umgang

In Fällen, in denen es problematisch ist, dass das Kind den anderen Elternteil sieht, oder wenn sogar eine potenzielle Gefährdung (z. B. Gefahr der Entführung) besteht, kann das Gericht einen begleiteten Umgang anordnen. Das Treffen mit dem Kind findet dann unter Beisein von Dritten – Mitarbeitern des Jugendamts oder von Beratungsstellen – statt. Das Gericht wird aber immer einen Weg suchen, um einen Umgang zu ermöglichen. Denn es geht vom **Recht des Kindes** aus, Kontakt zu beiden Elternteilen zu behalten.

Im Normalfall, in dem sich lediglich die Expartner nicht mehr „riechen" können, ist so eine Einschränkung aber nicht möglich. Ihre Expartnerin wird also, gehen wir vom Normalfall aus, auch die Kinder regelmäßig sehen können, und damit auch ein Teil Ihres Lebens bleiben, richten Sie sich darauf ein.

§ 1684 Abs. 1 BGB: Das Kind hat das Recht auf Umgang mit jedem Elternteil; jeder Elternteil ist zum Umgang mit dem Kind verpflichtet und berechtigt.

Wie der Umgang genau ausgestaltet werden soll, schreibt das Gesetz nicht im Detail vor. Vater und Mutter können und sollen hier freie Vereinbarungen treffen. Eine gerichtliche Umgangsregelung kommt erst dann ins Spiel, wenn man sich nicht einigen kann.

Diese Regelung orientiert sich dann meist an bewährten Modellen, etwa dass der umgangsberechtigte Partner das Kind jedes oder jedes zweite Wochenende (evtl. auch über Nacht) zu sich nehmen kann. Und zusätzlich ein gewisses „Kontingent" an Tagen in den Ferien und an Feiertagen.

Mein Tipp: Sehen Sie zu, dass Sie eine außergerichtliche, freie und flexible Vereinbarung mit Ihrer Expartnerin treffen können. Der Richterspruch ist nur die Notlösung, wenn gar nichts anderes mehr geht.

Voraussetzung für einen Umgang ist aber natürlich, dass die Mutter das Kind/die Kinder überhaupt sehen will. Häufig genug ist das leider nicht der Fall. Dass auch eine Umgangspflicht für die Eltern besteht, wird jemanden, der keine Lust hat, seine Kinder zu sehen, dann auch nicht groß beeindrucken. Wenn Ihre Ex sich tatsächlich so schäbig verhält, sollten Sie ihr auch nicht nachlaufen. So jemand ist ja auch kein guter Umgang für Ihre Kinder! Zumindest vorübergehend. Manchmal durchlebt jemand auch nur eine schwierige psychische Phase und fängt sich wieder. Bleiben Sie offen und sehen Sie sich die Situation möglichst neutral an.

Sich selbst neu definieren

Wenn die Rahmenbedingungen geklärt sind, die Kinder endgültig beim Vater sind und das Ganze durch einen Richterspruch abgesegnet ist, ist es besonders wichtig, dass nach den emotionsgeladenen und oft nervenzehrenden Trennungswochen oder -monaten wieder Ruhe einkehrt. Sorgen Sie für ein stabiles Umfeld für Ihr Kind/Ihre Kinder, sehen Sie zu, dass es einen strukturierten geregelten Tagesablauf gibt. Für Kinder ist Verlässlichkeit, Routine und Vorhersehbarkeit eine wichtige Basis, um sich gut zu entwickeln.

Für Sie selbst geht es jetzt darum, sich neu zu finden oder vielleicht sogar sich neu zu erfinden. Einiges in Ihrem Leben wird sich geändert haben. Vielleicht mussten Sie Ihre Arbeit einschränken oder sogar aufgeben. Dies war sicher richtig, wenn Sie spürten, dass Ihre Kinder Sie jetzt ganz dringend brauchen. Versuchen Sie langfristig, eine gesunde Balance zwischen Berufsleben und Kindererziehung herzustellen. Vergessen Sie dabei aber auch Ihr Privatleben nicht, das unabhängig von den Kindern stattfindet. Mutieren Sie nicht zum Nur-Papa. Das wäre auf Dauer unbekömmlich. Integrieren Sie stattdessen Ihre Kinder in Ihr bisheriges Leben, so gut wie möglich. Drehen Sie zusätzlich hier und da an einer Schraube, um alles unter einen Hut zu bringen. Tauschen Sie sich mit anderen Alleinerziehenden aus. Reden Sie auch viel mit alleinerziehenden Frauen, denn in diesem Punkt sind sie uns um einiges voraus.

Die Balance zwischen Papa-Dasein, Beruf und Privatleben finden.

Ihre neue Situation ist eine Chance, die Sie erkennen sollten. Wenn Ihr Leben früher einseitig und eindimensional war, haben Sie jetzt die Möglichkeit, es zu komplettieren. Machen Sie Ihr Leben ganzheitlich, indem Sie das reinpacken, was wirklich wichtig ist, und den Rest aussortieren. Folgen Sie dabei Ihrem Gefühl und dem gesunden Menschenverstand, lassen Sie sich aber auch beraten.

Egal, ob Sie sich selbst ganz neu erfinden oder nur versuchen, die entstandene Lücke in Ihrem Leben so schnell wie möglich zu schließen: Sie werden in jedem Fall bereichert aus der Situation hervorgehen. Ihr Motivationen, Ihre Ziele und die nächsten Beziehungen in Ihrem Leben werden klarer vor Ihnen liegen. Und Sie werden vor allem gelernt haben, dass nichts unmöglich ist – schon gar nicht, alleinerziehender Vater zu sein.

Wie die Ex mit dem Umgang umgeht

Der unschöne juristische Begriff „Umgang“ drückt etwas zutiefst Emotionales aus: den Wunsch eines Kindes, seine Eltern auch nach einer Trennung oder Scheidung nicht zu verlieren, das Recht, sie regelmäßig zu sehen und als Vater und Mutter zu behalten – auch wenn sie nun nicht mehr als Paar zusammen sind. Und wechselseitig den Wunsch des von den Kindern getrennten Elternteils, diese sehen zu können. Weil diese Wünsche oft nicht ohne Hilfe durchgesetzt werden können, gibt es als rechtliche Handhabe das Umgangsrecht. Es gibt Kindern ohne weitere Voraussetzungen das Recht auf Umgang mit jedem Elternteil. Und andererseits hat jeder Elternteil ohne weitere Voraussetzungen ein Recht (und eine Pflicht) auf Umgang mit seinem Kind.

Was in der Theorie einfach und plausibel klingt, ist in der Praxis oft extrem schwierig umzusetzen. Schuld sind die Emotionen, die hochkommen, wenn man dem Expartner begegnet. Schuld ist die oft nicht abgearbeitete Paar-Beziehung. Man hat sich ja nicht grundlos getrennt. Vielleicht sind schlimme Dinge passiert: Lügen, Betrug, Beleidigungen, emotionale oder sogar echte Schläge. – Das Kind / die Kinder können dafür zwar nichts, sind aber doch oft die Leidtragenden, weil die Erwachsenen keine vernünftigen Absprachen, keine faire Umgangsregelung finden können.

Umgangsrecht

§ 1684 BGB: Umgang des Kindes mit den Eltern

(1) Das Kind hat das Recht auf Umgang mit jedem Elternteil; jeder Elternteil ist zum Umgang mit dem Kind verpflichtet und berechtigt.

(2) Die Eltern haben alles zu unterlassen, was das Verhältnis des Kindes zum jeweils anderen Elternteil beeinträchtigt oder die Erziehung erschwert. Entsprechendes gilt, wenn sich das Kind in der Obhut einer anderen Person befindet.

(3) Das Familiengericht kann über den Umfang des Umgangsrechts entscheiden und seine Ausübung, auch gegenüber Dritten, näher regeln. Es kann die Beteiligten durch Anordnungen zur Erfüllung der in Absatz 2 geregelten Pflicht anhalten.

(4) Das Familiengericht kann das Umgangsrecht oder den Vollzug früherer Entscheidungen über das Umgangsrecht einschränken oder ausschließen, soweit dies zum Wohl des Kindes erforderlich ist. Eine Entscheidung, die das Umgangsrecht oder seinen Vollzug für längere Zeit oder auf Dauer einschränkt oder ausschließt, kann nur ergehen, wenn andernfalls das Wohl des Kindes gefährdet wäre. Das Familiengericht kann insbesondere anordnen, dass der Umgang nur stattfinden darf, wenn ein mitwirkungsbereiter Dritter anwesend ist. Dritter kann auch ein Träger der Jugendhilfe oder ein Verein sein; dieser bestimmt dann jeweils, welche Einzelperson die Aufgabe wahrnimmt.

Die Wut und die Vernunft

Letztlich ist es egal, von wem die Trennung ausging. Meist wird auf beiden Seiten eine tiefe Verletztheit da sein. Ein Betroffener drückt es drastisch so aus: „Sie hat ja nicht nur die Kinder verlassen, sondern auch mich. Und nun lebt sie mit einem neuen Kerl zusammen und hat ihre Kinder bei mir zurückgelassen. Wie kann diese Frau es also wagen, noch mal einen Fuß in die Tür zu setzen, um die Kinder abzuholen?"

Viele Emotionen von früher belasten die aktuelle Situation.

Und doch weiß man auf der anderen Seite, dass man sich nicht von seinen Gefühlen überrumpeln lassen darf. Man muss das Kind/die Kinder zu seinem/ihrem Recht kommen lassen: die Mutter zu sehen und Kontakt mit ihr zu behalten. Viele Männer, mit denen ich gesprochen habe, sehen das so. Es ist der Zwiespalt: einerseits die eigenen verletzten Gefühle, Enttäuschung, Verzweiflung und andererseits der Wunsch der Kinder, die Mutter zu sehen, dem man nachkommen will. Alleinerziehende Mütter, die sich mit „Umgangsvätern" herumschlagen, erleben das Ganze natürlich genauso.

Je tiefer die Verletztheit eines Partners, je mehr er/sie in der Partnerschaft „einstecken" musste, umso schlimmer wird es, auch hinterher einen vernünftigen Umgang miteinander zu finden. Simon (42) aus Hamburg ist klar, dass er in seiner Ehe einige Fehler gemacht hat. Ihre Wut und ihren Hass lässt seine Exfrau Tina ihn bis heute spüren, und das häufig bei der ungünstigen Gelegenheit der Übergabe von Sohn Tobias (11). Simon: „Meine Exfrau ist sieben Jahre jünger als ich. Sie hat sich immer sehr stark an mir orientiert. Ich habe Abitur und Studium, sie nur Realschule. Ich war ihr intellektuell überlegen. Wir heirateten ein halbes Jahr vor Tobis Geburt. Im Rückblick muss ich sagen, dass ich mir unsicher war. Aber wir haben einfach die Erwartungen unserer Eltern, unseres ganzen Umfelds erfüllt. Es war am Anfang auch eine heiße Liebe, aber doch hauptsächlich körperlich. Nach drei Jahren, nach der Geburt von Tobias, erkaltete alles. Sex gab es nur noch einmal im Monat. Nicht nur sie wollte nicht mehr, ich hatte auch keine Lust mehr auf sie. Es war fast zwangsläufig, dass ich in eine Affäre mit einer Arbeitskollegin rutschte. Ich konnte es fast ein Jahr lang verheimlichen. Als dann eine Freundin von Tina mich knutschend mit der anderen sah, flog alles auf. Andere Paare hätten vielleicht jetzt noch die Kurve gekratzt, bei uns ging es nicht mehr. Tina rastete tagelang aus, hatte Schrei- und Heulkrämpfe. Ich versuchte immer wieder, zu erklären und mich zu entschuldigen. Nach einer Woche kehrte wieder Ruhe ein, und ich schöpfte Hoffnung. Aber als ich eines Tages von der Arbeit nach Hause kam, war sie weg. Von Tobi, der auf einer Geburtstagsparty bei einem Freund war, hatte sie sich zuvor verabschiedet und ihm gesagt, sie müsse für eine Weile verreisen."

Wie viele Männer musste Simon sein Leben nun radikal neu organisieren. Er arbeitet nur noch halbtags und kümmert sich nachmittags um den Haushalt und um seinen Sohn, der um 15.30 Uhr von der Ganztagsschule nach Hause kommt. Simon weiter: „Tina hat sich in den ersten Monaten nach ihrem Auszug gar nicht blicken lassen, nach einem halben Jahr aber wollte sie Tobias sehen. Ich habe mich von einem Anwalt beraten lassen, und habe ihr das angeboten, was ihr rechtlich zusteht, also ein Treffen pro Woche. Das funktioniert im Prinzip, aber Tina hasst mich immer noch wegen meines Fremdgehens. Vielleicht hasst sie mich sogar heute noch mehr, weil ich auch ohne sie klarkomme. Jedenfalls lässt sie keine Gelegenheit aus, um mich, bei der Übergabe von Tobi, anzugiften. Das geht so weit, dass sie Sachen sagt wie: mit welcher Hure ich denn zur Zeit schlafen würde und so weiter. Es ist einfach grauenhaft. Ich versuche, meinen Sohn da rauszuhalten, aber manchmal klappt das halt einfach nicht."

Falls es bei Ihnen ähnlich (schlimm) ist: Vermeiden Sie jeden Streit, jede unnötige Eskalation. Wenn Sie sich mit Ihrer Expartnerin unterhalten wollen, dann tun Sie das nicht im Beisein der Kinder. Überprüfen Sie auch Ihr eigenes Verhalten, bei der „Übergabe". Sind Sie selbst schon soweit, sich fair und neutral zu verhalten? Wenn nicht, arbeiten Sie daran. Ihr Kind ist für Ihre Paarkonflikte nicht verantwortlich, lassen Sie es also nicht darunter leiden.

Egal, was Ihnen in Ihrer Ehe, in Ihrer Beziehung passiert ist, wie tief Sie sich auch betrogen und enttäuscht fühlen: Stellen Sie das hintan, wenn das Kind/die Kinder dabei ist/sind. (Niemand verlangt ja, dass Sie sofort alles vergessen, aber kontrollieren Sie die Situation.)

Was wollen Kinder eigentlich?

Kinder wünschen sich nach der Trennung der Eltern ein gutes Verhältnis zu Vater und Mutter. In der Mehrzahl der Fälle gelingt dies auch. Nach der Studie der Universität Mainz muss bei nur rund 20 Prozent aller Ehescheidungen mit minderjährigen Kindern das Familiengericht eine Umgangsregelung festlegen. Die Studie liefert allerdings keine differenzierten Zahlen für Väter und Mütter als Umgangsberechtigte. Vermutlich ist das Konfliktpotenzial doch etwas höher, wenn das Kind/die Kinder gegen die übliche Norm beim Vater lebt/leben.

Infos zur Mainzer Studie:
www.soziologie.uni-mainz.de/schneider/wwwumgangsrecht.html

Wenn es um die Regelung des Umgangs geht, stellen Sie nur das in den Vordergrund, was für Ihr Kind wichtig ist, was Ihr Kind möchte. Sprechen Sie also mit Ihrem Kind und versuchen Sie, seine Wünsche, seine Sehnsüchte zu ergründen. Wo geht es ihm gut? Wo fühlen Sie Defizite? Was vermisst er/sie? Wo sind die Sehnsüchte ihres Kindes?

Fragen Sie aber nicht so direkt: „Möchtest du eigentlich Mama nächstes Wochenende sehen?“ Das kann ihr Kind in einen Gewissenskonflikt bringen, wenn es weiß, dass Ihr Verhältnis zu Ihrer Expartnerin schlecht ist. Das Kind antwortet dann vielleicht eher das, was Sie hören wollen. Versuchen Sie lieber, die Wünsche Ihres Kindes zu erspüren. Orientieren Sie sich bei den Plänen, die Sie für Ihre Kinder machen, zuallererst an deren Wünschen. Im Prinzip ist das so einfach. Doch leider handeln wir nicht immer so vernünftig, sondern eher emotional. Werden Sie sich dessen erst einmal bewusst. Das nächste Mal, wenn Ihre Ex Ihnen eine SMS schreibt, um einen Umgangstermin anzubieten, antworten Sie nicht barsch oder ruppig, nicht beleidigt oder aggressiv, sondern sachlich und höflich – so als würde der lang ersehnte Installateur einen Termin anbieten.

Umgangsverweigerung

Den Umgang zu boykottieren oder völlig zu verweigern ist ein hartes Mittel, das man als betreuender Elternteil leicht einsetzen kann. Zwar besteht auf dem Papier ein Umgangsrecht für den anderen Partner – im konkreten Fall durchzusetzen ist das allerdings nicht unmittelbar. Zum Beispiel kann gegen die (vorgeschobene) Behauptung, das Kind sei krank, niemand etwas unternehmen. „Besuchsväter“ wissen, wovon ich rede. Die Horrorgeschichten in einschlägigen Internet-Foren, in denen Umgangsväter schildern, mit welchen Tricks ihnen die Kindsmutter ein Treffen mit dem Kind verweigert, sind zahllos. Auch wenn es befreiend wirkt, der Expartnerin auf diese Weise eins auszuwischen – unterdrücken Sie das. Das folgende schlimme Beispiel zeigt, wie Sie sich *nicht* verhalten sollten:

Uwe Z. reist am Wochenende von München nach Hamburg, um seine Tochter zu sehen. Seine Expartnerin hatte ihm das angeboten. Er schläft im Campingbus, damit er rechtzeitig am Samstag um 9 Uhr vor der Tür des kleinen Vorstadt-Reihenhauses steht. Doch die Mutter öffnet nicht, sondern ruft durch das gekippte Küchenfenster, die Tochter sei krank, er solle verschwinden. Der Mann weiß, dass er nichts tun kann. Selbst wenn er die Polizei riefe – schließlich haben die getrennten Partner ein gemeinsames Sorgerecht – würde die Frau die Beamten, falls sie sich überhaupt herbei bequemten – mit der Krankheitsgeschichte abwimmeln. Er parkt seinen Bus in der Nähe und beobachtet das Haus. Gegen Mittag sieht er, wie seine Exfrau und ihr Lebensgefährte mit der Tochter das Haus verlassen und schnell ins Auto steigen. Das Kind trägt Inline-Skates über der Schulter und wirkt überhaupt nicht krank. Er rennt hin, aber das Kind sitzt schon im Auto. Die Tochter sieht ihn, ruft ihn, will zu ihm. Aber die Mutter redet auf sie ein und der Wagen fährt ab. Später erfährt Uwe Z., dass die Mutter dem Kind überhaupt nichts von seinem

Besuch erzählt hatte. Sie hatte ihn aus reiner Schikane nach Hamburg „gelockt“. Erst vier Wochen später konnte Uwe Z. sein Kind dann endlich in die Arme schließen.

Dieser Fall ist gar nichts Besonderes. So etwas passiert ständig. Trennungsväter werden oft so sehr in ihren Rechten beschnitten, schikaniert und dabei auch noch finanziell ausgesaugt, dass sie körperlich und geistig am Ende sind. Betrachten Sie einmal, wie gut es Ihnen im Vergleich dazu geht: Ihr Kind lebt bei Ihnen, Sie haben die Karten in der Hand und können weitgehend das Spiel bestimmen. Seien Sie dabei aber immer fair. Handeln Sie nicht aus Rache oder Verletztheit Ihrer Ex gegenüber. Zeigen Sie, dass Sie über der Situation stehen. Seien Sie großzügig. Erfühlen und erfüllen Sie die Wünsche Ihres Kindes. Wenn das Kind die Mutter sehen will, lassen Sie es zu.

Den Ex-Partner mit Beschneidung des Umgangs zu schikanieren ist unfair.

Letztlich kommt Ihnen das nur selbst zugute: Studien haben gezeigt, dass bewusste Umgangsvereitelung auf Dauer dazu führt, dass sich das Verhältnis des Kindes zum Elternteil, bei dem es lebt, deutlich verschlechtert. Umgekehrt, wenn Sie keine unnötigen Barrieren aufbauen – wird sich das Verhältnis zu Ihren Kindern entspannen, und Sie werden irgendwann auch die Trennung von Ihrer Partnerin lockerer sehen können und darüber lachen – zusammen mit Ihren Kindern.

Bleiben Sie immer Chef im Ring

Fairness heißt aber nicht, dass Sie sich von Ihrer Expartnerin schikanieren lassen müssen, indem sie Ihnen Terminvorgaben macht oder Termine vorschlägt und diese dann willkürlich platzen lässt. Schließlich sind Sie derjenige, bei dem das Kind lebt. Sie kümmern sich um Schule oder Kindergarten, Arztbesuche, das Pausenbrot, den Klavierunterricht und tausend andere Sachen. Lassen Sie sich also nicht weismachen, dass Sie jetzt zum Wohle des Kindes auch noch die Launen Ihrer Expartnerin aushalten müssten.

Ein gutes Mittel, um die Souveränität zu gewinnen, ist es, immer einen Alternativplan zur Hand zu haben, falls die Umgangsmutter aus irgendeinem Grund nicht so „funktioniert", wie man das erwartet. Haben Sie sich zum Beispiel vorgenommen, am Samstagabend auszugehen, weil Ihr Kind da bei der Mutter übernachten sollte, entwickeln Sie lieber einen Notfallplan. Das ist besser, als sich ganz und gar auf die Abmachung mit der Ex zu verlassen – sofern Ihnen Ihr abendliches Date wirklich so wichtig ist. Fragen Sie schon im Vorfeld Geschwister, Bekannte oder Nachbarn, zu denen Sie ein gutes Verhältnis haben, ob ihr Kind *eventuell* an diesem Abend dort übernachten könnte. So können Sie Schikanen oder auch Schlampereien oder Vergesslichkeiten Ihrer Ex gelassen entgegen sehen.

Haben Sie immer einen Alternativplan in der Hinterhand.

Willkürliche, planlose Terminverschiebungen, das Nicht-Einhalten von Vereinbarungen, das Verknüpfen des Umgangs mit irgendwelchen Forderungen – darauf gibt es nur eine Antwort: Nein. Teilen Sie dann Ihrer Expartnerin höflich aber bestimmt mit, dass unter diesen Bedingungen der Umgang nicht stattfinden wird. Wichtig dabei: Zerschmeißen Sie nicht alles Porzellan auf einmal. Machen Sie immer deutlich, dass Ihnen an einem geregelten und vernünftigen Umgang gelegen ist. Bieten Sie ein Gespräch an, gegebenenfalls auch mit Dritten, seien es Mediatoren, Jugendamtsmitarbeiter oder „neutrale" gemeinsame Bekannte. Schlagen Sie gleich einen nächsten Umgangstermin vor, und machen Sie dabei klar, dass Sie überhaupt nichts dagegen haben, wenn alles planbar, überschaubar und verlässlich läuft. Kinder brauchen diese Verlässlichkeit noch viel mehr als wir Erwachsene. Erlauben Sie deshalb auf keinen Fall, dass Ihr Kind zum Spielball wird. Setzen Sie diese innere Vorgabe um – und wenn es sein muss, auch gegen die Stimmen von Jugendamtsmitarbeitern, die nur ihre papierenen Richtlinien abarbeiten. Es geht schließlich um Ihr Kind!

Expartner, die man besser los wird

„Umgangskontakte bieten dem Kind die Chance, sich kontinuierlich mit beiden Elternfiguren auseinanderzusetzen.

Diese Identifikationsangebote, die einem Kind zudem Klarheit über seine Herkunft bieten, wirken weit in seine zukünftige Entwicklung hinein. Kinder definieren ihre Identität darüber, dass sie die Kinder beider Elternteile sind. Können sie dies nach der Trennung mit Zustimmung beider Eltern weiter erleben, stärkt dies ihr Selbstwertgefühl und ihr Selbstvertrauen und unterstützt sie dabei, die Trennung der Eltern zu verarbeiten und in die Biografie zu integrieren." So schreiben Antje Klüber und Patricia Terlinden-Arzt in einem juristischen Fachmagazin. (↑ Literatur, S. 151).

Profunder lässt sich das wissenschaftlich kaum ausdrücken. Oder kurz: Kinder brauchen Papa und Mama, auch wenn diese getrennt sind. Es gibt jedoch Fälle, in denen man diese Regel durchbrechen muss: Sind die Kinder einem Milieu von Kriminalität, Alkoholismus, Prostitution, Gewalt, Pornografie usw. ausgesetzt, dann kann es nur heißen: Stopp! Die Kinder davon fernhalten. In dem Moment, wo Sie so ein Problem erkennen, ist das Ihre Verantwortung. Schützen Sie Ihr Kind. Verlassen Sie sich nicht auf das Jugendamt. Selbst wenn die Mitarbeiter dort guten Willens sind: Dieser Apparat läuft viel zu träge, um im Notfall wirklich helfen zu können.

Neueste Untersuchungen zeigen, dass es – sieht man sich die empirischen Daten an – wenig Anlass für die (bei Gerichten weit verbreitete) Haltung gibt, „Umgang müsse aufgrund seiner Bedeutung für das Kindeswohl unter nahezu allen Umständen durchgesetzt werden. Stattdessen scheint es zwar Fälle zu geben, in denen Kinder von Umgangskontakten profitieren, während dies in anderen Fällen kaum zu beobachten ist oder sogar Belastungen des Kindes verstärkt werden.“ (Kindler/Reinhold, ↑ Literatur S. 151).

Wenn Ihre Expartnerin also Ihrem Kind schadet, wenn Sie handfeste Belege dafür haben, wenn Sie merken, dass Ihr Kind den Umgang eigentlich gar nicht will, sondern unglücklich dabei ist: Sprechen Sie mit Ihrem Kind. Versuchen Sie vorsichtig, die Ursache herauszufinden. Wenn Sie Klarheit über den schädlichen Einfluss Ihrer Expartnerin haben: Verweigern Sie den Umgang, selbst wenn er auf dem Papier noch gestattet ist. Schreiben Sie einen Brief an das Jugendamt (und Ihren Rechtsanwalt, falls Sie einen haben) und erklären Sie Ihre Gründe. Fordern Sie, dass Ihre Expartnerin sich einem Gespräch mit dem Amt stellt. Regen Sie eine Therapie an. Machen Sie positive Vorschläge. Lassen Sie sich aber in der Hauptsache nicht beirren: Schützen Sie Ihr Kind.

Die professionellen Wegseher vom Dienst

Falls Sie tatsächlich einmal in die Lage kommen sollten, das Jugendamt als Hilfsinstanz zu brauchen, werden Sie schnell die Erfahrung machen: Die meisten Mitarbeiter von Jugendämtern und Allgemeinem Sozialdienst verstehen sich überhaupt nicht als Helfer in der Not, sondern vielmehr als Sachwalter von „Fällen". Aus einem merkwürdigen Selbstverständnis heraus, aus übertriebener *political correctness* ist man dort sozusagen „unparteiisch vom Dienst" und tut zunächst einmal – nichts. Und dieses „zunächst einmal" kann Monate dauern. Schließlich müssen zuerst einmal die Zuständigkeiten geklärt werden (ein Lieblingswort der Beschäftigten dort). Selbst wenn Sie die schwersten Bedenken äußern, werden Sie hören: „Da können wir nichts tun. Die Mutter hat ein Umgangsrecht. Das müssen Sie ihr gewähren. Schließlich ist sie die Mutter." Bittet man um einen Hausbesuch beim umgangsberechtigten Elternteil, um das Umfeld abzuklären, wird man vermutlich hören: „Wir haben Frau X hierher eingeladen und ein Gespräch mit ihr geführt." Eines scheint der größte Horror vieler Sozialdienst- und Jugendamtspersonen zu sein: das schützende, gut geheizte Büro zu verlassen und sich vor

Verlassen Sie sich nicht auf die Mitarbeiter des Jugendamts, die in Ihrem Kind oft nur einen „Fall" sehen.

Ort mit der harten Wirklichkeit zu konfrontieren. Lobenswerte Ausnahmen bestätigen die Regel.

Bernd (39) aus Frankfurt, alleinerziehend mit Selma (7), erzählt folgenden Fall: „Meine Expartnerin ist extrem labil, schnell gestresst und überfordert. Trotzdem wurde sie immer wieder schwanger. Sie brachte auch schon eine Tochter in die Beziehung mit. Als wir schon getrennt waren und ich meine Tochter Selma schon bei mir hatte, lebte bei ihr noch diese ältere Tochter. Ich habe damals mitbekommen, dass sie dieses ältere Kind psychisch quält. Sie sperrte sie in die Toilette, bedrohte sie. Ich nehme an, dass sie sie auch schlug. Das sah man dem Kind an. Ich ging zum Jugendamt in Dormagen, wo sie damals wohnte, und schilderte den Fall. Der Sachbearbeiter, ein erfahrener Mittvierziger, hörte sich das an, und erklärte mir dann lediglich kopfschüttelnd, er könne da nichts tun. Seither hatte meine Expartnerin eine Menge Affären mit wechselnden Männern. Inzwischen ist sie wieder schwanger, aber ich glaube, von dem Erzeuger des Kindes ist sie auch schon wieder getrennt. Umgang mit Selma gestatte ich nicht mehr oder nur, wenn ich absolut sicher sein kann, dass da nichts passiert."

Es kann auch gut laufen

Genug von Horrorgeschichten? Ok, es kann auch gut laufen. Trennung, Scheidung, das Auseinanderbrechen der klassischen Familie – das muss nicht zwangsläufig zu ewigem Streit, Gezerre um Umgangsrecht und Unterhalt und zu Psychodefekten bei allen Beteiligten führen. Alles hängt davon ab, wie beide Elternteile in Zukunft mit den Kindern umgehen. Im besten Fall können diese (fast) normal aufwachsen – bis auf die kleine Besonderheit, dass Mama und Papa nicht mehr zusammenwohnen. Kinder verstehen das übrigens sehr schnell: „Papa und Mama kommen nicht mehr zusammen aus, die vertragen sich nicht mehr. Es ist echt besser, wenn sie auseinander sind." Wenn die Kids aber nach wie vor von beiden Elternteilen geliebt werden, ist das halb so schlimm. Denn das ist auch, was sie wollen: beide Eltern lieben.

Kinder wollen beide Elternteile lieben.

Sich das klarzumachen, ist nach einer Trennung die Hauptaufgabe der Eltern. Und wenn man es verstanden hat, wird man es auch schaffen. Der „Umgang", dieses so leidige, vor Gericht gezerrte Thema, läuft dann ganz von selbst und automatisch. Eine Untersuchung zeigte: In den Fällen, in denen die Eltern auch nach der Trennung konstruktiv miteinander sprechen, findet der Umgang auch ohne gerichtliche Regelung regelmäßig und häufig statt. (Bei den Punkten Dauer und Häufigkeit des Umgangs scheint

die richterliche Regelung sogar häufig erst Probleme zu erzeugen, weil sie oft zu starr ist).
Das verwundert nicht. Schließlich wird jede Mutter, jeder Vater, auch wenn man nicht mehr zusammenlebt, sein Kind möglichst oft sehen wollen – wenn sie/er es liebt. Sparen Sie sich also den Anwalt und reden Sie mir Ihrer Ex, wenn es geht. Versuchen Sie, auch wenn diese Entwicklung Jahre dauert, ein freundschaftliches Verhältnis aufzubauen. Und wer weiß, vielleicht erwacht ja sogar die alte Liebe wieder, auch das ist schon passiert. (Doch Vorsicht: Das ist nicht der Zweck der Übung, sondern höchstens ein netter Nebeneffekt!)

Grausamer Haushaltskram

Wenn in den ersten Wochen Ihres Single-Papa-Daseins Ihr Haushalt aus den Fugen gerät, wenn die Schmutzwäsche den Eingang zum Badezimmer blockiert und die Küchenspüle schon so voll ist, dass an Abspülen gar nicht mehr zu denken ist – nehmen Sie es gelassen. Wahrscheinlich sind Sie nicht für diesen Haushaltskram geschaffen. Männer sind halt nun mal nicht für das Abspülen, Wäschewaschen und Fensterputzen gemacht. (Frauen natürlich auch nicht. Aber sie haben doch um einiges mehr an Erfahrung darin.)

Kinderlachen ist wichtiger als eine blitzblanke Wohnung.

Außerdem haben Sie jetzt auch Wichtigeres zu tun: Geben Sie Ihren Kindern emotionale Nähe und Stabilität. Blenden Sie vorübergehend das chaotische Umfeld aus und schauen Sie Ihrem Kind in die Augen. Was sehen Sie darin? Angst, Verzweiflung, Schmerz, Traurigkeit? Oder ein lustiges Kinderlachen? Manche Kinder sind stabiler, wenn es um die Trennung von einem Elternteil geht, andere ziehen sich zurück, werden traurig und depressiv.

Darum dürfen Sie nicht selbst in Depression verfallen. Bauen Sie Ihr Kind auf. Auch wenn es banal klingt: Kaufen Sie Kinokarten oder machen Sie einen Fahrradausflug. Das Lachen Ihres Kindes, das muss jetzt Ihre Priorität Nummer 1 sein. Die Wohnung können Sie später in Ordnung bringen.

Dirk (39) aus Hamburg, alleinerziehend mit Katja (9) und Sonja (6): „In den ersten Wochen, nachdem meine Exfrau verschwunden war, herrschte zu Hause das vollständige Chaos. Alleine mit den Kinderklamotten war ich völlig überfordert. Ich wusste ja nicht einmal, welches Teil Sonja und welches Katja gehörte. Also warf ich alles auf einen Haufen im Schlafzimmer, und die Mädels kramten sich ihre Sachen hervor. Inzwischen kenne ich jedes T-Shirt, jede Socke. Aber nun ist das nicht mehr nötig. Die Kinder nehmen sich die Sachen selbst vom Wäscheständer und sortieren sie in die Schränke. Das Bügeln lassen wir aus."

Mit solch banalen Sachen müssen sich alleinerziehende Daddys auseinandersetzen. Aber es muss sein. Geordnete Kleidung, aufgeräumte Schulsachen, das tägliche Pausenbrot, der zusätzliche Rucksack für den Schulausflug – das alles ist wichtig, damit das Kind seinen Rahmen und seine Stabilität behält. Ein Stück weit müssen Sie also – gerade in der ersten Zeit – Ihre Prioritäten verschieben und Ihr Zeitbudget neu aufteilen. Zwei Hinweise gleich zum Trost:

- das dauert nicht ewig und
- die Kinder werden Ihnen das alles einmal zurückgeben.

Hunger, Essen & Protest

Dass Männer die besseren Köche sind, zeigen uns die TV-Kochshows tagtäglich: Auf fünf männliche Kochlöffel-Gurus kommt eine Frau, und meist immer dieselbe: Die österreichische Kochlöffel-Schwingerin Sarah Wiener scheint die einzige „öffentliche" Köchin zu sein, die sich mit den Männern messen kann und will. Nur, bei uns „normalen" Männern konnte sich das Küchen-„Gen" nie so wirklich durchsetzen. Sicher, aus der Singlezeit wissen wir noch, wie man Spaghetti kocht. Auch mit ein paar Rühreiern haben wir noch nicht wirklich Schwierigkeiten. Aber alles darüber hinaus wird problematisch. Wie haben die Küchen-Wizzards aus dem Fernsehen es nur gelernt? Mit Mut und Phantasie!

Schwingen Sie den Löffel, anstatt ihn abzugeben!

Übrigens: Meine Theorie, warum Frauen eine höhere Lebenserwartung haben, als Männer, ist die: Frauen kochen und essen zeitlebens meist das, was ihnen schmeckt. Wenn eine „klassische" Hausfrau sich das Mittagsmenü überlegt, lässt sie sich zuerst einmal von ihrem eigenen Magen inspirieren. Wir Männer aber dürfen mitessen – das, was auf den Tisch kommt. Das nagt an unserer Substanz. Darum geben wir dann auch den Löffel früher ab. Das sagt man nicht umsonst!

Ein Beweis für diese gewagte These gefällig? Die Rollenmuster gibt es nicht mehr, die klassische Hausfrau nur noch im Märchen. Frauen arbeiten, hetzen und stopfen Junk-Food in sich hinein, genau wie wir. Sie kochen viel weniger selbst als vor einer Generation. Sie folgen nicht mehr ihrem

Magen. Und was passiert: Die Lebenserwartungen gleichen sich an. Zwar werden heute dank des medizinischen Fortschritts alle Menschen älter, doch die Unterschiede zwischen Mann und Frau nivellieren sich. Daraus folgt als Merksatz: Du sollst den Löffel schwingen, statt ihn abzugeben.

Hoffentlich habe ich Sie bis hierhin so weit aufgeheitert, dass wir uns jetzt tatsächlich dem schwierigen Thema „Kinder und Essen“ widmen können. Grundsätzlich gilt: Das, was Sie auf den Tisch stellen, schmeckt sowieso nicht. Selbst wenn Sie ein kleiner Küchenmeister sind, oft werden Sie hören: „Ihhh, das mag ich nicht …!“, oder „Oje, schon wieder Hühnchen mit Reis …“ oder was auch immer. Ruhig Blut: Kinder sind kleine Gourmets, sehr anspruchsvoll. Was sie zu Hause kriegen, kennen sie schon, das törnt die Geschmacksnerven nicht mehr besonders an.

Besonders gut schmeckt es deshalb immer unterwegs: Bei Freunden, in der Mittagsmensa in der Schule oder im Hort, bei Geburtstagspartys. Und natürlich, jetzt kommt's: bei der Mutter, falls ein Wochenend-Umgang stattfindet. Das ist kein Grund, besorgt zu sein (außer, Sie setzen Ihren Kindern tatsächlich jeden Tag trocken Brot und Wasser vor). Alle kochen wohl besser als Papa, oder? Na und? Dafür kann Papa andere Dinge: Drachen steigen lassen, Go-Kart fahren, tauchen. Cool bleiben: Sie sind ein Mann. Bleiben Sie es. Mutieren Sie nicht zur Hausfrau.

Achten Sie dennoch darauf, dass Ihre Sprösslinge ausgewogenes und gesundes Essen auf den Tisch bekommen.

Ein paar Tipps für die ausgewogene und gesunde Küche

- Kaufen Sie bewusster ein. Achten Sie darauf, immer viel frisches Obst und Gemüse im Haus zu haben.
- Kochen Sie kreativ. Halten Sie sich nicht lange mit komplizierten Rezepten auf. Verwenden Sie das, was Sie im Haus haben und zaubern Sie etwas daraus. Kochen ist angewandte Chemie.
- Verwenden Sie viel Nudeln und Reis als Grundlage. Beides ist schnell gemacht und gesund.
- Kombinieren Sie. Keine übertriebene Angst vor Dosen oder Fertiggerichten. Die meisten dieser Mahlzeiten lassen sich mit frischen Zutaten aufpeppen und mit Vitaminen und Nährstoffen anreichern.
- Kochen Sie größere Mengen, frieren Sie Teilmengen zum späteren Gebrauch ein.
- Stöbern Sie im Internet nach Seiten mit Rezepten für den Kindergeschmack, z. B. auf www.chefkoch.de
- Machen Sie sich einen Wochenplan.

Im Internet habe ich im Forum von www.chefkoch.de folgende Tipps von Yvonne, einer erfahrenen Mutter (von vier eigenen und drei betreuten Kindern), gefunden: „Nudeln sind bei den Kindern der Renner. Ich habe vier Soßen, die immer wieder kommen: Eine normale Tomatensoße, Bolognese, Carbonara und eine mit Thunfisch. Daraus kann man dann auch verschiedene Aufläufe zaubern ... Auch Pfannkuchen sind sehr beliebt. Die mache ich am Abend vorher und wärme sie in der Mikrowelle auf. Die Kinder lieben sie mit Quark-Mandarinenfüllung. Sehr gut kommen hier auch überbackene Bolognesekartoffeln an. Ich bereite eine dicke und gut gewürzte Bolognesesoße zu (die ist immer auf Vorrat im Eisfach). Die Kartoffeln dann gepellt und geviertelt in eine gebutterte Auflaufform und darüber die Soße geben. Dann noch mit würzigem Reibekäse bestreuen und im Backofen überbacken. Die Kartoffeln brauchen viel Soße und viel Gewürze, die Soße sollte also üppig und nicht zu lasch sein. Lecker!" – Na, das scheint doch gar nicht so schwer zu sein und macht richtig Appetit beim Lesen. Versuchen Sie es mal!

Klar, manchmal hat man für sowas einfach keine Zeit. Dann gehen Sie ohne schlechtes Gewissen zum Notplan über: Der Pizzaservice kommt fast immer und überall, und auch McDonalds wartet fast in jeder Stadt auf Ihren Besuch. Untersuchungen haben übrigens gezeigt, dass der türkische Döner, was Vollwertigkeit und Nährstoffhaltigkeit betrifft, um Längen gegen einen klassischen Big Mac gewinnt. Wenn's es also schon Fast Food sein muss, wäre ein Döner die bessere Alternative. Trotzdem: Machen Sie aus dem „schnellen Essen" keine Gewohnheit. Gehen Sie statt dessen mit Ihren

Kindern einfach mal gepflegt speisen, beim Italiener an der Ecke – wenn es der Geldbeutel erlaubt. Denn für Kinder ist ein Restaurantbesuch auch ein tolles Event, an das sie noch lange denken. Auch wenn es uns Erwachsenen oft nur noch wie Routine erscheint.

Minimalprogramm für eine aufgeräumte Wohnung

Ordnung ist relativ. Der zweite Hauptsatz der Thermodynamik, eines der wichtigsten physikalischen Gesetze, besagt – für unsere Zwecke einmal sehr vereinfacht ausgedrückt –, dass alle Moleküle im Universum, alle Dinge im Raum, das Bestreben haben, sich gleichmäßig zu verteilen. Jetzt schauen Sie sich Ihr Wohnzimmer an: Auf der einen Seite das Bücherregal, alle Bücher fein säuberlich nebeneinander, auf der anderen Seite die HiFi-Anlage mit den systematisch gestapelten und „geordneten" CDs und DVDs. Herrscht hier Gleichverteilung? Mitnichten. Dann werfen Sie einen Blick ins Kinderzimmer: Alle Klamotten über den Fußboden und das Bett verstreut, dazwischen ebenso wild verteilt: Bücher, CDs, Stifte, Spielsachen. Man kann sagen, hier herrscht fast eine perfekte Gleichverteilung. Gleichverteilung, was war das nochmal? Ach so, Ordnung!
Jetzt wird auch klar, warum das Aufräumen so anstrengend ist, während das Chaos ganz von alleine entsteht: Beim

Aufräumen kämpfen wir gegen den zweiten Hauptsatz der Thermodynamik an, wir müssen Energie aufwenden. Der gegenteilige Prozess aber, das gleichmäßige Verstreuen und Verteilen – der läuft wie geschmiert und ganz von selbst. Es scheint, als ob sich die Sachen alle von ganz alleine planlos im Raum verteilen – und der Physiker würde sagen: „So ist es wirklich!" Machen Sie Ihren Kindern also keine Vorwürfe, wenn sie keine allzu große Lust haben, gegen ein mächtiges physikalisches Gesetz anzukämpfen. Wir Erwachsenen tun das schon zur Genüge!

Grundsätzlich gilt: Wir sollten unsere Vorstellungen von Ordnung und Aufgeräumtheit nicht unseren Kindern überstülpen. Kinder brauchen ein gewisses Maß an Chaos, als Antriebsturbo für kreative Spiele und als Schutzensemble gegen die aufgeräumte Erwachsenenwelt. Die Experten von www.elternimnetz.de, einem Online-Angebot des Bayerischen Landesjugendamtes, beschreiben das so: „Viele Kinder entwickeln erst gute Ideen, wenn sie alle Dinge um sich versammelt haben. Gerade kleinere Kinder beleben Gegenstände. Beispielsweise können in ihrer Phantasie alle Kasperlfiguren zusammen mit den Kuscheltieren sprechen, dazu wird ein Haus aus Pappe gebaut. Und zum Anmalen werden alle Malkreiden benutzt. Hier sollten Sie auf keinen Fall stören. Auch wenn sich derartige Spielaktionen über mehrere Tage ziehen können. Auf-

Kinder brauchen Chaos im Spiel und Ordnung in der Seele.

räumen ist nicht das Wichtigste. Für ältere Kinder spielt ein anderes wichtiges Thema im Hintergrund mit: das Ringen um Eigenständigkeit. Die Kids möchten über ihren eigenen Bereich bestimmen können. Wie ordentlich es das Kind in seinem Zimmer haben möchte, ist letztlich seine Sache."

Einige Aufräumregeln

- Eine gewisse Hygiene muss auch von Ihren Kindern eingehalten werden. Alte Joghurtbecher, schmutzige Teller, verschmutzte Kleidung haben im Kinderzimmer nichts zu suchen.
- Legen Sie einen Wochentag als Aufräumtag fest.
- Das Bad wird so verlassen, wie man es vorgefunden hat.
- Jacken gehören an die Garderobe, Schuhe ins Schuhregal.
- Vor (und nach) Erledigen der Hausaufgaben muss der Schreibtisch aufgeräumt werden.
- Räumen Sie nichts ohne das Wissen Ihres Kindes weg.
- Werfen Sie nichts weg, ohne vorher Ihr Kind gefragt zu haben.
- Kinder brauchen genügend Stauraum. Sie müssen genug Platz haben, um ihre Sachen unterzubringen. Sinnvoll sind Regale, Kisten und Schubladen. Größere Kinder bestimmen selbst, wo was hingehört.

(frei nach www.elternimnetz.de)

Deshalb ist zu empfehlen: Strikte mentale Trennung von Kinderzimmern und gemeinsam genutzten Räumen. In letzteren können Sie die Ordnungsprinzipien der Erwachsenenwelt durchsetzen. Halsen Sie sich aber nicht zusätzliche sinnlose Arbeit mit den Kinderzimmern auf. (Wobei natürlich auch hier gewisse Grundregeln eingehalten werden müssen: kein Essen herumstehen lassen etc.). Spätestens mit 14 Jahren sind Kinder sowieso in der Lage, selbstständig Ordnung zu halten – und meist tun sie das dann aus eigenem Antrieb. Schließlich kommt vielleicht bald der erste Freund/die erste Freundin zu Besuch. Und spätestens dann soll alles cool und aufgeräumt aussehen wie bei den Großen.

Für Fortgeschrittene: Haushaltshilfen, Kindermädchen, Au-pairs

Trotzdem, so gelassen Ihre Einstellung zum Thema auch sein mag: Der Küchenherd putzt sich nicht von selbst, ebenso wenig das Badezimmer, die Fenster, die Böden.

Eine Haushaltshilfe oder Putzfrau erleichtert vieles.

Selbst wenn Sie zur Zeit ein geringes Einkommen haben, überlegen Sie, ob Sie diese Aufgaben nicht besser einem Profi, sprich einer Putzfrau, überlassen sollten. Eine gute Putzfrau, die nur einmal in der Woche für einen halben Tag kommt, kann Ihnen zwei bis drei Tage Arbeit abnehmen. Das gibt Ihnen Luft, sich um wichtigere Dinge zu kümmern. Auch falls Sie zur Zeit beruflich nicht eingespannt und nur Hausmann sind, bilden Sie sich lieber weiter, als die Wohnung zu putzen, oder schreiben Sie Bewerbungen.

Wenn Sie den Übergang zum alleinerziehenden Papa beruflich nahtlos geschafft haben – was den wenigsten so problemlos gelingt –, dann haben Sie vielleicht auch schon Erfahrung mit Babysittern und Kindermädchen. Nur so viel: Das richtige Kindermädchen zu finden, ist eine Wissenschaft für sich. Nehmen Sie sich dafür ausreichend Zeit. Führen Sie Gespräche mit einigen Kandidatinnen (oder Kandidaten). Holen Sie nach einer Weile Ihr Kind / Ihre Kinder dazu und beobachten Sie die Interaktion. Sie werden sehr schnell merken, ob sich Ihre Kinder mit dem neuen Menschen wohlfühlen. Sprechen Sie später mit Ihren Kindern und lassen Sie sie bei der Auswahl mitentscheiden. Jemandem seine Kinder für Stunden, manchmal für Tage zu übergeben, ist Vertrauens- und Herzenssache. Machen Sie sich die Entscheidung nicht leicht. Mein Rat: Lieber gar kein Kindermädchen als das falsche, selbst wenn man dafür persönlich und beruflich Einschränkungen hinnehmen muss. Wenn Sie sich jedoch für Ihre persönliche Mary Poppins entschieden haben, dann lassen Sie ihr freie Hand, soweit es geht, und reden Sie nicht ständig rein.

Auch das Au-pair-System ist ein guter Weg, um einem Single-Papa wieder etwas Freiräume zu verschaffen und auf die Sprünge zu helfen. Voraussetzung dafür ist allerdings, dass Sie eine ausreichend große Wohnung haben, denn einem Au-pair-Mädchen steht ein eigener, privater Raum zu. Wenn Sie mit dem Gedanken spielen, ein Au-pair ins Haus zu holen, sollten Sie sich zuvor ausführlich mit diesem Thema vertraut machen. Im Internet gibt es mehrere sehr gute Agenturen, die Informationen zur Verfügung stellen und die Vermittlungsformalitäten für Sie abwickeln können, z.B. www.aupair-vermittlung.de, www.au-pairs.de oder www.aupairzentrale.de (und viele weitere).

Grundsätzlich wichtig: Es gibt eine Reihe von Voraussetzungen, die Gastfamilien erfüllen müssen, die wichtigsten sind:

- In der Familie muss Deutsch die Mutter- oder Hauptsprache sein.
- Als „Familie“ gelten: Ehepaare, unverheiratete Paare, eingetragene gleichgeschlechtliche Lebenspartner und Alleinerziehende mit mindestens einem Kind unter 18 Jahren.
- Mindestens ein erwachsenes Familienmitglied muss die deutsche Staatsangehörigkeit bzw. die Staatsangehörigkeit eines EU-/EWR-Staates oder der Schweiz besitzen (hiervon sind in bestimmten Fällen Ausnahmen möglich).

- Dem Au-pair muss ein angemessenes und abschließbares Zimmer zur Verfügung stehen.
- Es soll in die Familie wie ein Familienmitglied integriert werden. Der Spracherwerb und der kulturelle Austausch sollen gefördert werden.

Au-pairs hingegen müssen die folgenden Voraussetzungen mitbringen:

- Sie müssen zwischen 18 und 24 Jahren alt, möglichst nicht verheiratet und kinderlos sein und eine abgeschlossene Schulausbildung haben.
- Deutsch-Grundkenntnisse sind unabdingbar.
- Sie sollen die Bereitschaft zur Kinderbetreuung und Mithilfe im Haushalt mitbringen.
- Sie dürfen mit der Gastfamilie nicht verwandt sein.
- Und: Es gibt keine wiederholte Zulassung als Au-pair, auch dann nicht, wenn die Höchstdauer von 12 Monaten beim ersten Au-pair-Aufenthalt nicht ausgeschöpft wurde. Achten Sie also darauf, dass die Bindung Ihrer Kinder nicht zu stark wird. Sehen Sie sich rechtzeitig vor Ablauf der 12-Monats-Frist nach einer neuen Helferin um.

Einen vollständigen Überblick über die derzeit geltenden Au-pair-Regelungen finden Sie unter: www.arbeitsagentur.de unter *Arbeit in Deutschland*.

Der Begriff „au pair“ kommt aus dem Französischen und bedeutet „auf Gegenseitigkeit“. Vergessen Sie nie, dass ein Au-pair Ihnen hilft, weil sie auch davon profitieren möchte.

Sie möchte neue Erfahrungen machen, neue Menschen, eine andere Kultur und Sprache kennenlernen. Das geringe „Taschengeld" von (mindestens) 260 Euro im Monat ist für die wenigsten ein Anreiz – schon gar nicht für Au-pairs aus dem EU-Raum.

Anette Wandres, die ihre Agentur in Baden-Württemberg seit 1994 betreibt, sagt: „Ein Au-pair-Verhältnis beruht auf Gegenseitigkeit, Vertrauen und Toleranz. Ihr Au-pair ist keine Hausangestellte oder Putzfrau, sondern sollte in der Familie wie ein eigenes Kind aufgenommen werden. Falls einmal Probleme auftreten sollten, sei es durch Kulturschock, Heimweh oder andere Gründe: Sprechen Sie ruhig mit dem Mädchen und gehen auf sie ein, als wäre es jemand aus Ihrer eigenen Familie."

Noch ein Tipp: Bei Au-pairs aus Nicht-EU-Ländern ist der Behördenaufwand relativ groß. Hier fordert die Ausländerbehörde von Ihnen in der Regel einen Verdienst- und Wohnungsnachweis, außerdem eine Verpflichtungserklärung. Dort müssen Sie unterschreiben, dass Sie für alle Mittel, die für den Lebensunterhalt des Au-pairs einschließlich der Versorgung mit Wohnraum und der Versorgung im Krankheitsfall notwendig sind, aufkommen. Wenn Ihr Einkommen derzeit zu gering ist, kann es sein, dass Sie die Genehmigung der Ausländerbehörde nicht bekommen. Bei

Bei Au-pairs aus Nicht-EU-Ländern ist der bürokratische Aufwand recht hoch.

Au-pairs aus EU-Ländern fallen die meisten dieser Hürden weg, allerdings haben Sie hier auch wesentlich weniger Auswahl.
Grundsätzlich gilt natürlich: Laden Sie nie ein Au-pair ein, falls es Ihr Budget übersteigt. Realistisch sollten Sie mit Kosten von rund 400 bis 500 Euro im Monat rechnen (Taschengeld, Behördengebühren, Arztbesuche, Sprachkurs, Tickets für Bus und Bahn, Lebensmittel). Hinzu kommen die Vermittlungsgebühren der Agenturen, die zwischen 400 und 600 Euro (einmalig) liegen.

Und plötzlich läuft es wie von selbst ...

Aller Anfang ist schwer. Wenn Sie Ihr Single-Papa-Dasein starten, werden Sie nicht für möglich halten, was Sie alles schaffen. Oft wird es so sein, dass Sie sich die Situation so nicht ausgesucht haben. Wenn Sie plötzlich auf sich allein gestellt sind, mit einem Kind oder sogar mit mehreren, wird Ihr ersten Reflex vermutlich sein: Schaden von den Kindern abzuwenden, die Prioritäten neu zu ordnen, den Beruf einzuschränken oder vielleicht sogar aufzugeben, die Kinder in den Mittelpunkt zu stellen. Das ist richtig, zunächst einmal. Denn die Kinder haben durch die Trennung von der Mutter schon genug durchgemacht. Sie müssen jetzt für sie da sein. Arbeiten Sie aber daran, dass Sie auf mittlere Frist wieder auf anderen Kurs kommen. Greifen Sie dazu auf die (bezahlte) Hilfe anderer zurück. Werden Sie zum Familienmanager. Delegieren Sie störende Arbeiten. Arbeiten Sie an Ihrer Balance zwischen Arbeit und Familienleben. Werden Sie ein stolzer Vater, der sein Leben im Griff hat. Das macht Sie im Übrigen unglaublich attraktiv für eine neue Partnerin – sodass sie vielleicht gar nicht mehr lange alleinerziehend sind.

Frauen zahlen keinen Unterhalt

Der Kindesunterhalt ist eine Unterform des Verwandtenunterhalts, der hauptsächlich in den Paragraphen 1601 bis 1615 des BGB geregelt ist. Einfach ausgedrückt besagt er, dass Verwandte in gerader Linie sich zu unterstützen haben. Eltern kommen der Unterhaltspflicht gegenüber ihren Kindern dadurch nach, dass Essen auf den Tisch gebracht, Kleidung gekauft und alles weitere getan wird, damit die Kinder leben und gedeihen können (Juristen nennen das „Naturalunterhalt"). Sind die Eltern jedoch getrennt, dann leben die Kinder meist nur bei einem Elternteil. Dem anderen wird dann ein „Barunterhalt" abverlangt. Er muss Unterhalt „durch Entrichtung einer Geldrente gewähren" (§ 1612 Abs. 1 BGB).

Ob die Eltern verheiratet sind oder nicht, spielt für den Unterhaltsanspruch eines Kindes keine Rolle. Können sich die Eltern nach der Trennung bezüglich der Höhe der Unterhaltszahlungen nicht einigen, oder wird die Zahlung ganz verweigert, ist es möglich, das Geld gerichtlich einzufordern. Als Orientierung zur Festsetzung des Unterhalts dient den Gerichten die sogenannte Düsseldorfer Tabelle, in der bestimmte Unterhaltssätze für Kinder verschiedener Altersgruppen festgelegt wurden. Diese Tabelle gibt den

Richtern lediglich eine Empfehlung. Der tatsächlich zugesprochene Unterhalt kann davon abweichen.

Die Düsseldorfer Tabelle

Die Höhe des Kindesunterhalts bemisst sich nach dem Einkommen des barunterhaltspflichtigen Elternteils.

Nettoeinkommen in €	Kindesunterhalt in € nach Altersstufen				Bedarfskontrollbetrag in €
	0–5 J.	6–11 J.	12–17 J.	ab 18 J.	
bis 1500	202	245	288	254	770/900
1501–1900	216	262	307	275	1000
1901–2300	230	278	325	295	1100
2301–2700	244	294	343	316	1200
2701–3100	258	310	361	336	1300
3101–3500	281	336	391	369	1400
3501–3900	303	361	420	401	1500
3901–4300	325	387	449	434	1600
4301–4700	348	413	478	467	1700
4701–5100	370	439	507	499	1800
ab 5101	nach den Umständen des Falles				

Die Tabelle hat keine Gesetzeskraft, sondern stellt eine Richtlinie dar. Der Bedarf muss nicht identisch mit dem Zahlbetrag sein. Bei obigen Werten ist das anteilsmäßig abzuziehende Kindergeld (ab 18 Jahren 100 Prozent) bereits herausgerechnet. Der Bedarfskontrollbetrag ist nicht identisch mit dem Eigenbedarf. Er soll eine ausgewogene Verteilung des Einkommens zwischen dem Unterhaltspflichtigen und den unterhaltsberechtigten Kindern gewährleisten. Wird er unter Berücksichtigung auch des Ehegattenunterhalts unterschritten, wird der Unterhaltspflichtige in die nächst niedrigere Gruppe eingestuft.

Säumigen Zahlern kann aber nicht nur zivilrechtlich auf die Finger geklopft werden: Denn „wer sich seiner gesetzlichen Unterhaltspflicht entzieht, sodass der Lebensbedarf des Unterhaltsberechtigten gefährdet ist oder ohne die Hilfe anderer gefährdet wäre, wird mit Freiheitsstrafe bis zu drei Jahren oder mit Geldstrafe bestraft." So drastisch droht Paragraph 170 des Strafgesetzbuches.
Für Männer ist es eine Binsenweisheit: Hat man ein uneheliches Kind oder ein Kind aus erster Ehe, wird man – kommt man der Zahlungspflicht nicht nach – gejagt bis zum Nordpol. Und dort bittet dann der Gerichtsvollzieher auf dem Husky-Schlitten zur Taschenpfändung. Und wer sich jahrelang weigert, zu bezahlen, wandert in den Knast.
Für Frauen gelten zwar dieselben Gesetze wie für Männer, dennoch schaffen es viele (mit Geschick, verwinkelten Argumenten oder Tränen), sich vor den Unterhaltszahlungen zu drücken.

Untersuchung zu Unterhaltszahlungen

Eine Untersuchung von Prof. Roland Proksch (↑ Literatur, S. 152) lässt folgenden Schluss zu: 65 bis 75 Prozent der unterhaltspflichtigen Frauen zahlen keinen Unterhalt für ihre Kinder. Bei den Männern sind es nur 15 bis 20 Prozent, die hartnäckig nicht bezahlen. Die Zahlen sprechen für sich. Dabei wurden 2002 unter anderem die Unterhaltszahlungen an Elternteile mit alleinigem und gemeinsamem Sorgerecht erfasst, und zwar aufgeschlüsselt nach Männern und Frauen.

Zu fast identischem Ergebnis kam bereits 1996 Michael Matzner (↑ Literatur, S. 152) in einer empirischen Untersuchung zur Lebenslage alleinerziehender Väter. Dabei wurden 66 alleinerziehende Väter im ganzen Bundesgebiet schriftlich befragt. 80 Prozent der Mütter zahlten keinen Kindesunterhalt.

Umfrage – welche Frau zahlt Unterhalt?

Alleinerziehende Väter machen sich über dieses Ungleichgewicht natürlich Gedanken. Auf einschlägigen Internet-Foren für Alleinerziehende findet man regelmäßig Fragen und Diskussionen wie diese: Frage eines Forum-Teilnehmers: „Hallo, mich interessiert, ob Ihr selbst Unterhalt von der Kindsmutter erhaltet oder ob Ihr einen solchen Fall kennt. Ich habe den Eindruck, die juristische Praxis hinkt der gesellschaftlichen Entwicklung hinterher."

Antwort 1: „Hallo zusammen, meine (Ex-)Frau zahlt keinen Unterhalt, die Frau meines Kumpels zahlt keinen Unterhalt ... Ich kenne persönlich keine Mutter, die Unterhalt bezahlt ..."

Antwort 2: „Nein, die Mutter zahlt nicht ... Ich habe von vielen Frauen gehört, die sich davor drücken, prozentual noch mehr als die Männer."

Antwort 3: „Ich bin auch alleinerziehender Vater. Die Mutter des Kindes zahlt keinen Cent Unterhalt, trotz Selbstständigkeit. Ich habe einen Gerichtstitel erwirken und pfänden lassen – bisher alles ohne Erfolg ..."

Antwort 4: „Die Mutter meines Sohnes hat noch nie einen Cent Unterhalt bezahlt. Darüber hinaus hat sie auch keinerlei Anstalten gemacht, das Kindergeld herauszurücken, sondern behält dies seit nunmehr über fünf Jahren. Sie zahlt also nicht nur nichts, sondern kassiert auch noch. Bisher hatten wir das schulterzuckend unter der Rubrik ‚der Preis der Freiheit' abgelegt, langsam ist es hier aber finanziell auch nicht mehr so üppig und fängt an weh zu tun."

Die Aussage des letzten Vaters ist typisch. Man(n) ist eigentlich schon froh, in Ruhe gelassen zu werden. Hauptsache, es landen keine Schreiben vom Gericht und keine Anwaltsforderungen der Gegenseite im Briefkasten. Denn allzu leicht kommt es vor, dass ein geschickter Gegenanwalt die Fließrichtung des Geldes umzudrehen versucht. Das Zauberwort heißt Ehegattenunterhalt oder Trennungsunterhalt. Es ist schwer zu begreifen, aber es kommt tatsächlich häufig vor, dass alleinerziehende Väter von Gerichten auch noch dazu verdonnert werden, an Ihre Expartnerinnen Unterhalt zu bezahlen, während diese keinen Cent für ihre Kinder überweisen.

Martin aus Köln, alleinerziehender Vater zweier Kinder (12 und 14 Jahre) erzählt: „Meine Frau hat uns drei im März 2005 verlassen, sie ist damals ins Haus ihres neuen Lovers gezogen. Ich habe daraufhin mein ganzes Leben umgekrempelt, um den Kids das Zuhause zu erhalten, was so weit auch geklappt hat. Meine Ex hat kurz darauf aus ihrer bisherigen Halbtags- eine Ganztagsstelle gemacht. Ihre Anwältin hat errechnet, dass sie theoretisch 450 Euro an Kindesunterhalt zahlen könnte. Dem stünden aber laut ihrer Anwältin etwa 400 Euro Trennungsunterhalt meinerseits gegenüber. Die Folge ist: Bisher hat keiner etwas bezahlt, für die Kinder wurde von ihr kein Cent Unterhalt überwiesen. Meine Exfrau rechnet sich geschickt arm. Sie bezahlt ‚Miete' an ihren Lebensgefährten, ebenso die Raten für deren gemeinsam genutztes Auto und so weiter. So hat sie sich auf das Existenzminimum heruntergerechnet und sogar Pro-

Manchmal werden Unterhaltszahlungen völlig grundlos blockiert.

zesskostenbeihilfe beantragt. Dabei hat sie sogar einen Vollzeitjob."

Noch mal: Martin ist alleinerziehend mit den beiden Kindern, kann nur noch halbtags arbeiten. Seine Frau hat ein Ganztagsstelle, lebt bei ihrem Freund. Und zahlt keinen Kindesunterhalt, weil ihre Anwältin die (hier wahrscheinlich haltlose) Forderung nach Trennungsunterhalt aufgemacht hat. Rein rechtlich dürfen verschiedene Unterhaltsformen zwar nicht gegeneinander aufgerechnet werden. In der Praxis geschieht dies natürlich dennoch häufig, nach dem Motto: „Warum soll ich bezahlen? Er bezahlt ja auch nicht." Für den Betroffenen macht es zunächst einmal keinen Unterschied, ob eine Forderung berechtigt ist oder nicht – die Unterhaltszahlungen an die Kinder können dadurch für Monate oder Jahre blockiert werden.

Noch schlimmer erging es Uli aus Dortmund. Seine Exfrau weigerte sich grundlos, Kindesunterhalt zu bezahlen, dennoch wurde er zur Zahlung von Aufstockungsunterhalt an diese verurteilt. Er schreibt: „Meine Ex darf nun – obwohl auch das Oberlandesgericht keine Erwerbsunfähigkeit zugrunde legen konnte – auf monatlich 412 Euro Aufstockungsunterhalt bauen. Ich muss einen Betrag von 11.643 Euro an sie nachzahlen. Sie braucht keinen Kindesunterhalt zu bezahlen und sie muss sich auch nicht bewerben. Mündliche Begründung des Richters: die Frau sei ‚durch den Wind', die würde man nie ans Arbeiten bekommen. Das Interessante aber ist, dass der Richter sie gar nicht kennt. Denn sie ist seit etwa drei Jahren zu keinem Gerichtstermin mehr erschienen."

Dass viele Anwälte dieses oft durchschaubare Spiel mitmachen, ist traurig, entspricht aber leider den Tatsachen. Und ebenso willfährig sind häufig die Gerichte dabei, sinnlose Klagen anzunehmen, bei denen es oft gar nicht mehr um die Sache, sondern um einen ganz anderen Zweck geht. Ein Vater berichtet: „Als ich von meiner Exfrau Unterhaltszahlungen einforderte, reagierte sie bei Gericht mit einem Antrag auf das alleinige Sorgerecht! Obwohl die Kinder keinen einzigen Tag seit der Trennung bei ihr gewohnt hatten. Der einzige Zweck dieses Antrags war es, die Unterhaltszahlungen abzuwenden. Das war der Auslöser für sie, die Kids wieder zu sich zu nehmen! Sind Kinder denn Spielbälle, die man, wie es einem passt, hin- und herschubsen kann?"

Zornig sprechen manche Betroffene von der „Scheidungsindustrie", die getrennten Frauen oft erst das Instrumentarium an die Hand gibt, um den Kampf gegen den Exmann so richtig zu eröffnen. Damit sind gemeint: Anwälte, Beratungsstellen, Frauenhäuser und so weiter. Denn oft schießen die gutmeinenden Helfer weit übers Ziel hinaus. Schon manches Paar hat sich in die Hand versprochen, friedlich auseinanderzugehen. Nach dem ersten Gang zum Anwalt entbrennt dann nicht selten doch der Krieg. Denn Anwälte schüren gern das Feuer, sie sind die eigentlichen Gewinner der Scheidungs- und Trennungskriege.

Keule Ehegattenunterhalt

Trennungs- und Ehegattenunterhalt: Was sind das überhaupt für Forderungen? Und wann muss man ihnen nachkommen? Zunächst einmal: Es sind zwei unterschiedliche Unterhaltsformen, wie die auf Familienrecht spezialisierte Anwältin Beatriz Loos (↑ Literatur, S. 151) aus Würzburg erklärt:

Der **Trennungsunterhalt** besteht für den Zeitraum ab der Trennung bis zur Rechtskraft der Scheidung. Der Trennungsunterhalt ergibt sich aus der Vorschrift von § 1361 Abs. 1 BGB und besagt, dass ein Ehegatte von dem anderen den nach den Lebensverhältnissen und den Erwerbs- und Vermögensverhältnissen der Ehegatten angemessenen Unterhalt verlangen kann. Denn das Gesetz schützt den nicht erwerbstätigen Ehegatten noch insoweit, dass er in der Regel, zumindest für das erste Jahr der Trennung, nicht zur Aufnahme einer Erwerbstätigkeit aufgefordert werden kann. Diese Vorschrift dient dazu, dass die wirtschaftlichen und tatsächlichen Lebensverhältnisse der Ehegatten während der Trennungszeit möglichst so belassen werden sollen, wie sie während der Ehe bestanden. Dies soll einer möglichen Versöhnung der Ehegatten dienen.

Der **nacheheliche Unterhalt** (Ehegattenunterhalt) kann sich aus verschiedenen, gesetzlich geregelten Unterhaltstatbeständen ergeben. Nach der Scheidung kann daher ein Unterhaltsanspruch wegen Betreuung der gemeinschaftlichen Kinder, wegen Alters, Erwerbslosigkeit, Krankheit, Erlangung einer angemessenen Erwerbstätigkeit, Ausbildung oder Fortbildung oder als Aufstockungsunterhalt bestehen. Am häufigsten sind laut Beatriz Loos in der Praxis die Unterhaltstatbestände der Kinderbetreuung und des Aufstockungsunterhalts erfüllt.

Das heißt für Sie als alleinerziehender Vater: Einer Forderung nach Ehegattenunterhalt Ihrer Ex (aus welchen Gründen auch immer) können Sie selbst mit einer Forderung nach Ehegattenunterhalt wegen Kinderbetreuung kontern – zumindest formal. Schließlich sind Sie für die Kinderbetreuung zuständig. (Diese Unterhaltsform hat nichts mit dem Kindesunterhalt, der Ihnen sowieso zusteht, zu tun).

Und wie viel Unterhalt muss denn nun gezahlt werden? Wichtig zu wissen: Hier gibt es keine feststehende Tabelle, aus der die Unterhaltshöhe abgelesen wird, sondern sie richtet sich nach den Einkommens- und Vermögensverhältnissen der Ehegatten während der Ehe. Es kommt also immer darauf an, welche Dokumente Sie oder Ihre Ex dem Richter vorlegen und wovon sie ihn überzeugen. Besonders der nacheheliche Unterhalt ist keine in Stein gemeißelte Wahrheit, sondern sollte – falls Sie denn zur Zahlung verpflichtet wurden – von Ihnen immer wieder überprüft werden. Änderungen in den Lebensverhältnissen Ihrer Expartnerin können den Unterhaltsanspruch schnell in Rauch aufgehen lassen: ein neuer Partner, mit dem sie zusammenlebt, ein neuer, besser bezahlter Job, weitere Einkünfte, eine Erbschaft usw.

Es ist ein blanker Automatismus, der aus dem traditionellen Familienbild herrührt, der Anwälte oft aufs Geratewohl dazu bewegt, Trennungs- oder Ehegattenunterhalt zu verlangen: der Mann der Ernährer, den ganzen Tag im Job, die Mutter zu Hause bei den Kindern, ohne eigenes Einkommen. Da das heute so aber in vielen Fällen nicht mehr stimmt, weil beide berufstätig sind, ist das reflexhafte Handeln der Anwälte oft überzogen.

Das reflexhafte Handeln der Anwälte ist oft überzogen.

Lassen Sie sich also durch Anwaltsbriefe nicht einschüchtern, lassen Sie von Ihrem eigenen Anwalt (den Sie leider brauchen!) gegenrechnen. In einer „modernen“ Beziehung, in der beide mitverdient haben, bleibt von der Forderung oft nicht viel übrig. Auch wenn viele Frauen sich in dieser Hinsicht rückblickend ausnahmsweise gern ins traditionelle Frauenbild einordnen.

Das neue Unterhaltsrecht, das seit 1. Januar 2008 in Kraft ist, brachte hier keine revolutionären Veränderungen, aber es betont doch stärker die Eigenverantwortung der Partner nach einer Trennung. Der während der Ehe geschaffene

Lebensstandard bleibt zwar auch künftig die Ausgangsbasis für die Bemessung des Unterhalts. „Gerade aber bei Ehen, die nicht sehr lange gedauert haben, wird eine unbegrenzte Lebensstandardgarantie heute nicht mehr als zeitgemäß empfunden“, so in einem Kommentar des Bundesministeriums für Familie und Gesundheit zum Regierungsentwurf zur Reform des Unterhaltsrechts.

Auf Deutsch: Es gibt zwar eine Schonfrist, aber **beide** Partner sollen sich nach der Scheidung wieder eine Arbeit suchen. Warum auch nicht? Hier sollen durch die neue Gesetzeslage die Gerichte mehr Gestaltungsspielraum bekommen, um Unterhaltsansprüche zu befristen oder der Höhe nach zu begrenzen. Für Sie als alleinerziehender Vater bedeutet das: Die Gefahr, dass Ihre Expartnerin von Ihnen bis auf ultimo Ehegattenunterhalt fordert (und tatsächlich zugesprochen bekommt), schwindet, selbst wenn Sie finanziell gut gestellt sind.

Trostpflaster Unterhaltsvorschuss

Das am 1. Januar 1980 in Kraft getretene Unterhaltsvorschussgesetz ist eine Hilfe für Alleinerziehende. Der Gesetzgeber hatte damals vor allem den klassischen Fall im Sinn: Mann zeugt, haut ab und drückt sich vor Unterhaltszahlungen. Mutter sitzt alleine da. Es war also ein für Frauen gemachtes Gesetz, das aber heute – seltenes Glück – auch den Männern zugute kommt. Trotzdem werden Sie von Ihrer Unterhaltsvorschusskasse vielleicht Briefe bekommen, die mit „Sehr geehrte Frau Soundso" beginnen, obwohl Sie eindeutig männlich sind. Amtscomputer sind mindestens so resistent gegen Veränderungen wie ihre Bediener.

Wie der Name schon sagt, funktioniert die Regelung so, dass die Unterhaltsvorschusskasse (organisiert auf Länderebene) in Vorschuss geht und dem alleinerziehenden Elternteil den Unterhalt für das Kind so lange überweist, bis der unterhaltspflichtige Elternteil seiner Zahlungsverpflichtung nachkommt. Gleichzeitig wird der säumige Zahler nicht aus der Verantwortung entlassen, sondern die Unterhaltskasse versucht später, das vorgestreckte Geld von diesem zurückzubekommen.

Der Unterhaltsvorschuss – geregelt in § 2 Unterhaltsvorschussgesetz – ist geringer als der Kindesunterhalt, der nach dem Mindestsatz der Düsseldorfer Tabelle zustehen würde. Seit einer Neuregelung zum 1. Januar 2008 erhalten Kinder unter sechs Jahren 125 Euro, Kinder von sechs bis zwölf Jahren 168 Euro. Ab dem 13. Lebensjahr, ab dem zwölften Geburtstag des Kindes also, besteht kein Anspruch auf Unterhaltsvorschuss mehr.

Der Unterhaltsvorschuss ist geringer als der Kindesunterhalt.

In der Praxis läuft es so: Erkundigen Sie sich bei Ihrem zuständigen Jugendamt nach der Unterhaltsvorschussstelle

– sie ist häufig dort angeschlossen – und fordern Sie die Antragsformulare an. Der Papierkrieg hält sich hierfür in Grenzen. In erster Linie müssen Sie natürlich belegen, dass das Kind tatsächlich bei Ihnen lebt und keinen Unterhalt von der Mutter erhält. Beachten Sie: Die Auszahlung von Unterhaltsvorschuss erfolgt nur auf ausdrücklichen Antrag, keineswegs automatisch. Übrigens: Daran erinnern, so einen Antrag zu stellen, wird Sie als Mann wahrscheinlich niemand, vielleicht nicht mal Ihr Anwalt oder Ihre Anwältin. Und: Unterhaltsvorschuss erhalten Sie unabhängig von Ihrem Einkommen in jedem (berechtigten) Fall.

Unterhaltsvorschuss ist nicht abhängig vom Einkommen.

Warum sind Frauen so unwillige Unterhaltszahlerinnen?

Zunächst einmal gibt es natürlich die Gruppe von Frauen, die schlicht nicht zahlen können, mangels Masse. Wenn eine Frau in ihrer Partnerschaft zurückgesteckt hat, ihren Beruf hintangestellt hat, sich hauptsächlich auf das Einkommen des Ehemanns und auf eine intakte Partnerschaft verlassen hat, dann kann man sicher nicht erwarten, dass sie sich von heute auf morgen ins Berufsleben eingliedert und zur „Zahlmama" wird. Auch Frauen, die ihre Kinder beim Vater lassen, tun dies manchmal aus Not und Ausweglosigkeit. In den anderen Fällen, in denen Frauen die Zahlung vorsätzlich verweigern, obwohl sie das Geld hätten, stecken oft Revanche-Gefühle dem Expartner gegenüber dahinter. Ein Betroffener erinnert sich: „Meine Frau ging mit den Worten: ‚Ich habe mich lange genug um die Kinder gekümmert – jetzt bist du dran!' Und das betraf dann eben auch alles Finanzielle."

Oft haben Frauen auch das Gefühl, sie hätten in Ihrer Beziehung/Ihrer Ehe genug „draufgezahlt", zwar nicht materiell, aber ideell. Vielleicht haben sie tatsächlich ihre Karriere geopfert, um für die Kinder da zu sein. Vielleicht ist es nur das diffuse Gefühl, sie hätten möglicherweise ohne den inzwischen ungeliebten Partner im Leben mehr erreicht. Und diesem wollen sie jetzt nicht auch noch Geld hinterherschmeißen. Der Denkfehler dabei ist: Das Geld steht nicht dem Expartner zu, sondern dem Kind/den Kindern. Darüber hinaus scheint es, dass die althergebrachten Rollenmuster implizit bei vielen Frauen doch noch vorhanden sind, und sei es nur im Unterbewusstsein. „Warum soll ich denn Unterhalt bezahlen? Ich bin doch die Mutter!", musste sich ein alleinerziehender Vater von seiner ansonsten durchaus emanzipierten Exfrau sagen lassen.

Das spielt aufs Beste zusammen mit dem sehr traditionellen Denken bei Ämtern und Gerichten. Dort wird Unterhalt auch heute noch fast automatisch mit einer Forderung an den Mann gleichgesetzt. All diese Faktoren, die

in die gleiche Richtung wirken, unterstützen die Frauen schließlich bei ihrer laxen Einstellung zum Bezahlen.
Aber auch wir Männer tragen dazu bei, dass die Situation so ist. Denn wir könnten ja die Mühlen des Gesetzes bis zum bitteren Ende laufen lassen. Da aber setzt bei uns dann oft eine Beißhemmung ein. Typisch der Ausspruch von Martin, nachdem einige Monate vergangen waren: „Still ruht der See, und das ist mir auch ganz recht." Wir sind also schon froh, wenn wir in Ruhe gelassen werden. Wenn sie, die Ex, nicht bezahlt, dann nehmen wir das hin, denn eigentlich wollen wir auf ihr Geld sowieso nicht angewiesen sein. Es basteln also alle Beteiligten am Status quo mit. Und die Frauen haben keinen Grund, daran etwas zu ändern.

Männer machen bestehende Unterhaltsansprüche oft nicht geltend.

Verzichten Sie nicht auf Ihre Rechte! Im Lauf der Jahre können es Zehntausende von Euros sein, die Ihnen so verloren gehen. Das Unterhaltsrecht gilt für Männer und Frauen gleichermaßen. Seien Sie in Ihren Forderungen sachlich, aber konsequent. Besprechen Sie sich ausführlich mit Ihrem Anwalt und dokumentieren Sie eine „Historie des Nichtzahlens" Ihrer Expartnerin. Wenn es zu einem Gerichtstermin kommt, brauchen Sie Fakten und Belege. Verknüpfen Sie die Unterhaltszahlungen nicht mit anderen Themen (Umgang, Sorgerecht). Erinnern Sie Ihre Expartnerin in regelmäßigen Abständen an Ihre Unterhaltspflicht. Räumen

Sie Ihr einen vernünftigen Zeitrahmen ein. Wenn es nichts fruchtet, werden Sie zusammen mit Ihrem Anwalt aktiv. Auch falls Ihre Ex nach einem Richterspruch immer noch nicht bezahlt, ist es immerhin besser, ein vollstreckbares Urteil in der Hand zu haben als gar nichts. Als letzte Maßnahme können Sie schließlich mit Ihrem Anwalt strafrechtliche Konsequenzen ins Auge fassen. Machen Sie aber zwischendurch Gesprächsangebote, denn oft wirkt ein verständiges Gespräch schneller als ein harter Konfrontationskurs. Und behalten Sie im Hinterkopf: Beim Streit um den Unterhalt geht es nicht um Ihr Geld, sondern um das Geld, das den Kindern zusteht.

Vor Gericht: gleiches Recht für keinen

„Auch nach der Novellierung des Familienrechts im Jahr 1998 wird bei den Gerichten der Grundsatz vertreten: Lieber eine schlechte Mutter als einen guten Vater. Mit Gleichheit hat das nichts zu tun, sondern eher damit, dass sich die Gerichte schwer tun, alt eingefahrene Gleise zu verlassen." Stellvertretend für viele sagt dies ein alleinerziehender Vater aus Berlin. Der Kampf um seinen Sohn war vergleichsweise kurz: ein Jahr.

Auf meinem Schreibtisch stapeln sich Erzählungen von Männern, die ihre Erlebnisse vor Gericht als drastische Ungerechtigkeiten erlebt haben. Sie berichten von unterschiedlichem Recht, je nachdem, ob ein Verhalten der Frau (Mutter) oder des Mannes (Vater) beurteilt werden soll. Detaillierte wissenschaftliche Untersuchungen dazu gibt es keine, erst recht keine Beweise. Die Berichte der Betroffenen sind aber eindeutig, und neuere wissenschaftliche Arbeiten deuten so ein Rechtsgefälle zumindest an. So spricht Nina Hucklenbruch in ihrer Arbeit (↑ Literatur, S. 151) vom „Muttervorteil der Frauen, der einen eindeutigen Vorteil auf Rechte und die Entscheidung über die (alleinige) Eltern-

Männer müssen mehr kämpfen, wenn sie das Sorgerecht für die Kinder haben wollen.

schaft darstellt. Männer müssen darum (auch heute noch) sehr viel mehr kämpfen und sind auf dieser Ebene gesellschaftlich benachteiligt [...]."

Gerechte Urteile für alleinerziehende Väter sind selten

Die Ungleichbehandlung bezieht sich aber nicht nur auf Sorgerechts-Streitigkeiten, sondern ebenso auf Umgangs-, Unterhalts- und alle sonstigen strittigen Fragen zwischen den getrennten Eltern. Beim Sorgerecht und dem für die praktische Lebensführung entscheidenden Aufenthaltsbestimmungsrecht gibt es aber naturgemäß die größten Dramen und schlimmsten Skandale.

Sascha L. (37) aus Grefrath (zwei Töchter, 9 und 8 Jahre alt) schildert seinen Fall so: „Nach zehn Jahren Ehe war die Beziehung zu meiner Frau Dorothee zerrüttet. Sie litt laut Aussagen von Fachleuten unter manisch-depressiven Schüben und bezeichnete sich selbst plötzlich als Engelsmedium. Für unsere beiden Mädels war sie zeitweise gar nicht mehr ansprechbar. Es ging letztlich so weit, dass meine Frau auf unsere große Tochter mit einer Schere losging und wild in ihren Haaren herumschnitt, weil sie mit den Zöpfen nicht einverstanden war. Ich habe sie aufgefordert, sofort eine Therapie zu beginnen. Ein paar Tage später – die Kinder waren nicht zu Hause – packte sie die

nötigsten Sachen und verschwand, wie ich später erfuhr, ins Frauenhaus. Da ich selbstständig bin, konnte ich auf die Situation einigermaßen reagieren.
Dann passierte Folgendes: Laura, die jüngere, war bei einer Geburtstagsfeier beim Patenonkel eingeladen, von der sie meine Noch-Frau völlig überraschend und unangemeldet abholte und ins Frauenhaus mitnahm. Das ist 40 Kilometer entfernt. Ich schaltete sofort die Polizei, das Jugendamt und alle möglichen Stellen ein. Ohne Erfolg. Laura musste bei der Mutter im Frauenhaus bleiben. Konsequenz unter anderem: Sie musste die Schule wechseln, wurde aus ihrem Freundeskreis herausgerissen. Und das Schlimmste: Sie wurde von ihrer Schwester getrennt. Nun gab es kürzlich eine Gerichtsverhandlung, bei der es um das vorläufige Aufenthaltsbestimmungsrecht für die Mädchen ging. Der Richter entschied: Meine Kleine soll bis auf Weiteres bei der Mutter bleiben! Weggerissen von Schule, Schwester und Vater."

Viele Väter berichten von haarsträubenden Urteilen.

Dieser betroffene Vater ist über das Gerichtsurteil entsetzt. „Ich begreife immer noch nicht, wie der Richter so urteilen konnte. Stellen Sie sich einmal vor, ein Mann würde das machen, ein Kind einfach verschleppen, herausreißen aus seinem Umfeld und weg von der Mutter. Ich glaube, da würde gleich eine Hundertschaft Polizei anrücken …"

Das ist kein Einzelfall. Viele Männer berichten von „merkwürdigen“ oder „haarsträubenden“ Urteilen. Oft scheint es so, als würden die Richter dabei weniger auf den konkreten Einzelfall sehen und das Wohl des Kindes im Auge behalten, als sich auf ein althergebrachtes Verfahrensmuster zu stützen: das Kind, wann immer es geht, zur Mutter.

Beispiel Sorgerechtsentscheidung: Michael G. und seine getrennte Frau konnten sich nicht einigen, wo der vierjährige Sohn nach der Trennung der Eltern leben sollte. Ein kinderpsychologisches Gutachten ergab: Der Junge ist beim Vater, einem Beamten in gesicherten Verhältnissen, besser aufgehoben. Für das Kind sei es sinnvoller, im gewohnten Umfeld zu bleiben, als mit der Mutter wegzuziehen. Fazit des Gutachtens: Das Sorgerecht und/oder Aufenthaltsbestimmungsrecht sollte dem Vater übertragen werden. Dennoch sprach der Richter den Sohn der Mutter zu – das Gutachten war ihm egal, es „störte ihn“. Erst sechs Monate später „kassierte“ das Oberlandesgericht Brandenburg dieses Urteil und verhalf Michael G. zu seinem Recht.

Man kann den Richtern sicher nicht unterstellen, sie würden das Recht beugen oder seien bewusst einseitig. Vielmehr hat die unterschiedliche Bewertung von Fällen mit einer impliziten Voreinstellung bezüglich der Rollenmuster von Mann und Frau zu tun. Gerade im Familienrecht ist der Ermessensspielraum sehr groß. Die Richter bewegen sich völlig legitim in diesem Feld, die meisten Urteile sind deshalb nicht angreifbar. Viele lassen einem aber die Haare zu Berge stehen.

Beispiel Umgangsregelung: Berndt M. (44), seit drei Jahren alleinerziehend mit Tochter Natascha (14) berichtet: „Vor einiger Zeit sind wir umgezogen, von Frankfurt an die Nähe der Nordseeküste. Es gab dann eine Gerichtsverhandlung zum Umgang, bei der die Anwältin meiner Noch-Frau beantragte, ich müsse meine Tochter alle 14 Tage zur Mutter nach Frankfurt bringen, damit ein Umgang stattfinden könne. Der Mutter sei der weite Anfahrtsweg nicht zuzumuten. Ich hielt das für absurd. Der Richter gab aber tatsächlich der Gegenanwältin recht! Ich sollte also tatsächlich jedes zweite Wochenende eine Fahrt von Hin- und Zurück rund 900 Kilometer auf mich nehmen – während meine Ex sich einfach nicht bewegte. Nur durch einen Widerspruch meines Anwalts liegt das Ganze jetzt vorerst auf Eis.“ Nebenbei: Die Mutter überweist nur gelegentlich Unterhalt für die Tochter, während Berndt dazu verurteilt wurde, monatlich Trennungsunterhalt an seine halbtags berufstätige Noch-Frau in Höhe von 233 Euro zu überweisen, was er auch regelmäßig tut.

Was zurückbleibt, ist das Gefühl einer Tendenz. Ein Betroffener berichtet: „Ich fühlte mich im Gerichtssaal sofort als Angeklagter. Obwohl ich doch das Recht auf meiner Seite wusste. Was in einem Gerichtssaal abläuft, das lässt sich aber nur zum Teil später anhand des Protokolls nachvollziehen. Die ganze emotionale Ebene, die nonverbale Kommunikation, die stattfindet, bleibt außen vor. Schon wie einen der Richter ansieht, wie er Aussagen kommentiert, vielleicht nur durch seine Mimik – das kann schon eine bestimmte Richtung vorgeben. Das hat Einfluss darauf, welche Fragen dann im Lauf der Verhandlung gestellt oder nicht gestellt werden – von den Anwälten und von ihm selbst."

Aus eigener Erfahrung kann ich hinzufügen: Neben dieser Tendenz, der manche (nicht alle) Richter folgen, ist es vor allem die schlechte Vorbereitung auf die Verhandlung, die ein Problem darstellt. Es kommt leider allzu häufig vor, dass ein Richter erst zu Beginn der Sitzung die Akten zur Hand nimmt und versucht, sie schnell oberflächlich zu studieren. Das gelingt natürlich in den meisten Fällen nicht ausreichend – was dazu führt, dass er dann später auf vorgestanzte und oft erprobte Muster zurückgreift. Eines dieser Muster ist, dass die Frau ohne genaue Prüfung des Sachverhalts die „Arme, Verfolgte und Betrogene" ist und der Mann der Übeltäter. Ganz klar: Oft genug stimmt das leider. Oft aber auch nicht.

Richter sind oft erschreckend schlecht vorbereitet.

Beispiel Unterhaltszahlungen: Nach einer Studie von Prof. Roland Proksch (↑ Literatur, S. 152) verweigern etwa 15 bis 20 Prozent der Männer dauerhaft die Zahlung von Unterhalt an ihre bei der Mutter lebenden Kinder. Wohingegen im umgekehrten Fall etwa 65 bis 75 Prozent der Frauen die Unterhaltszahlungen verweigern, wenn die Kinder beim Vater leben. Und die Gerichte tun nicht allzu viel dafür, um diese Schieflage auszugleichen. Dr. Uli Pascheberg, der auf der Website www.vatersein.de seine eigenen Erfahrungen einbringt und Betroffene berät, weiß aus vielen Fällen: „Während Männer vor Gericht sehr genau daraufhin unter die Lupe genommen werden, ob sie zahlungsfähig sind oder nicht, werden Frauen oft mit etwas weicheren Maßstäben bewertet. Ein Mann muss in der Regel genau nachweisen, was er verdient bzw. für welche Stellen er sich beworben hat, wenn er einer ‚verstärkten Erwerbsobliegenheit' unterliegt."

Erwerbsobliegenheit

Nach § 1603 Abs. 2 BGB sind Eltern ihrem minderjährigen Kind gegenüber verpflichtet, alle verfügbaren Mittel zum Unterhalt zu verwenden. Die Unterhaltspflicht bestimmt sich jedoch nicht durch das tatsächlich erzielte Einkommen. Sondern Eltern haben ihre Arbeitskraft so gut wie möglich einzusetzen, um den Unterhalt des Kindes sicherzustellen. Im Einzelfall kann dies dazu führen, dass eine „Obliegenheit" – so heißt es im Paragraphendeutsch – zu vermehrter Arbeitsleistung oder zur Nebentätigkeit besteht. Kommen die Eltern dieser Obliegenheit nicht nach, müssen sie sich so behandeln lassen, als ob sie das Einkommen tatsächlich erzielen würden. In diesem Fall kann ein sogenanntes fiktives Einkommen angesetzt werden.

Von Frauen werden oft keine so genauen Nachweise gefordert. Oft genügen dann hier Beteuerungen, Versprechen oder auch Tränen. Andreas M. (37) aus Brühl ist einer von denen, die diese Erfahrung gemacht haben: „Meine Exfrau hat bei solchen Gerichtsterminen immer sehr erfolgreich ihre Tränenshow abgezogen, und das so überzeugend, als wäre sie die Unschuld selbst. Dass ihr immer so einfach geglaubt wurde, fand ich sehr verletzend." Tochter Alina (9) lebt jetzt bei Andreas, nach teilweise schlimmen Szenen vor Gericht. Die Mutter zahlt keinen Unterhalt, Andreas bezieht Unterhaltsvorschuss.

Die Konsequenzen des Nichtzahlens sind für Männer in der Regel weitaus drastischer: Dass ein Mann wegen hartnäckiger Verletzung der Unterhaltspflicht nach dem Strafgesetzbuch zu einer Bewährungs- oder sogar Freiheitsstrafe verurteilt wird, ist nichts Ungewöhnliches. So etwas nennt ein Richter dann eine „spezialpräventive Maßnahme zur Hebung der Erwerbsmotivation". Bei meinen Recherchen ist mir kein Fall begegnet, bei der so eine spezialpräventive Maßnahme auf eine Frau angewendet wurde. Ich bin aber für Hinweise dankbar.

Auch die Rahmenbedingungen lassen oft zu wünschen übrig: Die bereits erwähnte Studie des Rechtswissenschaftlers Roland Proksch (↑ Literatur, S. 152) kommt unter anderem zu folgenden Ergebnissen: „An einer Fortbildung zur Schulung über eine kindeswohlgemäß und zielorientiert durchzuführende Kindesanhörung [...] haben über zwei Drittel der antwortenden Richter/-innen nicht (teilgenommen). (Auch) speziell für die Kindesanhörung geeignete Räume haben die Gerichte in der Regel nicht." Auch hier herrscht also großer Nachholbedarf.

Die Vorgeschichte interessiert nicht

Ein weiterer Punkt, der subjektive Ungerechtigkeit erzeugt: Im Familienrecht gibt es keine Historie, keine Vorgeschichte. Den Richter interessiert nur der Jetztzustand (sonst könnte er auch die Akten nicht in ein paar Minuten vor der Verhandlung studieren). Jörg Fiedler aus Kiel, der die erfolgreiche und stark frequentierte Website www.vatersein.de betreibt, ist Experte für Trennungssituationen und -konflikte. Er sagt: „Das Familienrecht kennt keine Würdigung der Vergangenheit. Hat die Exfrau etwas angestellt, das rechtlich nicht tragbar ist, so erntet sie im Höchstmaß den mahnenden Zeigefinger des Richters." Hat sie sich etwa jahrelang nicht um ihr Kind gekümmert und es beim Vater gelassen, so spielt das für eine aktuell zu treffende Umgangsregelung üblicherweise keine Rolle.

Auch falsche eidesstattliche Versicherungen in vergangenen Verfahren, Verleumdungen bis hin zu verbalen und körperlichen Attacken: All das interessiert in der aktuellen Verhandlung üblicherweise nicht. Fiedler: „Im Ergebnis kann das bei den Betroffenen zu starken Frustrationen führen. Oft bleibt ein Gefühl von Ohnmacht und Hilflosigkeit zurück. Fast alle Betroffenen haben das Gefühl, ihr Fall sei nicht ausreichend gewürdigt worden."

Die Rolle der Jugendämter

Richter sind auch nur Menschen. Ihre Urteile stützen sie zum einen auf Erfahrungswerte, zum anderen sind sie aber auf die Informationen von Sachverständigen und Fachleuten angewiesen. Die Fachleute, die bei Gericht hinzugezogen werden, sind in Familiensachen und Auseinandersetzungen ums Kind in der Regel die Mitarbeiter und Fallbearbeiter des zuständigen Jugendamts. Und hier schwankt die Qualität dieser „Sachverständigen" enorm. Neben engagierten, fleißigen und couragierten Mitarbeitern der Jugendämter gibt es eine erschreckende Anzahl von desinteressierten, unqualifizierten und untätigen. Viele betrachten sich lediglich als Sachwalter von „Fällen". Für sie ist es das Wichtigste, ihre Aktendeckel hin- und herzuschieben und einen „Fall" irgendwie abzuschließen. Sich vor Ort zu begeben, sich die Lebenssituation einer Familie tatsächlich anzusehen, mit den Kindern und allen Beteiligten zu sprechen – das scheint für die meisten die aller-

Viele Jugenamtsmitarbeiter kümmern sich viel mehr um Aktenordner als um Menschen.

größte Ausnahme zu sein. Und es scheint so, hier kann ich aber wirklich nur spekulieren, dass viele Sachbearbeiter diese Rolle des „Papier-Kontrolleurs", des „Fall-Abhakers", für sich selbst durchaus als adäquat ansehen. Dass es hier einen gravierenden Fehler im System gibt, wird nur gelegentlich durch spektakuläre Fälle, bei denen Kinder unter den Augen der Jugendämter gequält werden oder sogar sterben, deutlich. Die täglichen kleinen Skandale aber befinden sich außerhalb des Radars der Medien. Sie haben meist etwas zu tun mit Nicht-Hinsehen, Nicht-Hingehen und Nicht-Handeln.

Um nicht missverstanden zu werden: Ich habe großen Respekt vor den engagierten Mitarbeitern der Jugendämter. Die Rede ist aber hier von den (leider zu vielen) anderen. Und diese haben bei Gerichtsverhandlungen in der Regel keine eigene Meinung. Statt Sachverständige sind sie lediglich „Abnicker" dessen, was der Richter vorschlägt. Sie nehmen die Stimmung der Verhandlung auf und bestätigen den Richter letztlich nur in dem, was er sowieso denkt – selbst wenn sie es besser wissen. Eine qualifizierte eigene Meinung wird man hier kaum hören. Das ist es aber, was ein Richter eigentlich bräuchte, um einen fundierteren Beschluss oder ein Urteil zu fällen. Die Richter ihrerseits, so scheint es, haben sich damit abgefunden. Verhandlungen werden dadurch auch weniger zeitaufwendig, werden kürzer. Und die meisten Richter sind sowieso überlastet.

Seien Sie faktenorientiert und bleiben Sie optimistisch

Eine Gerichtsverhandlung ist selten einfach. Wenn Sie sich nicht vorbereitet haben, werden Sie vielleicht schnell das Gefühl haben, zum Spielball zu werden. Es ist natürlich wichtig, dass Sie einen guten Anwalt haben und ihm vertrauen – aber Sie selber sollten Ihren Fall natürlich ebenso gut kennen und darstellen können. Machen Sie sich aber vor einer Verhandlung nicht wahnsinnig und nehmen Sie Schreiben des Gegenanwalts oder des Gerichts möglichst gelassen zur Kenntnis. Das ist nur Papier. Aber was zählt, ist das wirkliche Leben.

Bedenken Sie immer: Die Mühlen der Gerichte mahlen zwar langsam, aber sie mahlen. Lassen Sie sich nicht in Panik versetzen, verfallen Sie nicht in Verzweiflung. Wenn das Recht auf Ihrer Seite ist, werden Sie früher oder später auch erfolgreich aus der Gerichtsverhandlung herausgehen. Seien Sie faktenorientiert und bleiben Sie optimistisch. Und das Wichtigste: Versuchen Sie bei all dem immer, Ihr Kind/Ihre Kinder aus diesem Spannungsfeld herauszuhalten.

Tipps für die Gerichtsverhandlung

- Briefe vom Gericht kommen oft am Samstag, weil die Schreibstuben der Ämter sie am Donnerstag oder Freitag fertigmachen. Verderben Sie sich nicht das Wochenende, lassen Sie den Brief bis zum Montag liegen. Es gibt kein solches Schreiben, das nicht bis nach dem Wochenende warten könnte.
- Wenn ein Brief Sie emotional aufwühlt, antworten Sie nicht sofort, schon gar nicht per E-Mail. Ihr Schreibstil ändert sich, wenn Sie sich wieder beruhigt haben, und zwar zum Besseren.
- Vor der Verhandlung: Bereiten Sie sich vor, sehen Sie die Akten durch, besprechen Sie den ganzen Ablauf mit Ihrem Anwalt. Versuchen Sie, das Ergebnis der Verhandlung zu antizipieren.
- Bei der Verhandlung: Ziehen Sie sich ordentlich, aber nicht übertrieben an. Weder Arbeitsklamotten noch Abendanzug. Der gute Mittelweg, unauffällig und korrekt. Erscheinen Sie pünktlich zum Termin.
- Seien Sie so unemotional wie möglich. Wenn Sie gefragt werden, schildern Sie Zusammenhänge sachlich. Bitte keine Angriffe, schon gar nicht unter der Gürtellinie, gegen Ihre Expartnerin – auch nicht, wenn Sie denken, sie habe das verdient.

- Wenn Sie ihrerseits angegriffen werden, bleiben Sie sachlich oder antworten Sie gar nicht und überlassen das Ihrem Anwalt. Manchmal ist es auch die Strategie des Gegenanwalts, Sie zu provozieren. Gehen Sie nicht darauf ein. Wenn immer möglich, versuchen Sie ein positives, geschäftsmäßiges Verhältnis zum Gegenanwalt herzustellen.
- Seien Sie selbstbewusst. Schauen Sie nicht unter den Tisch, sondern sehen Sie dem Richter in die Augen. Oder stellen Sie Augenkontakt zum Gegenanwalt her.
- Beim Ende der Verhandlung: Nehmen Sie den Beschluss oder Richterspruch einfach hin, kommentieren und kritisieren Sie nicht. Wenn Sie nicht einverstanden sind, kann Ihr Anwalt den formalen Weg des Widerspruchs gehen. Auch im umgekehrten Fall, wenn Sie von dem Urteil positiv überrascht sind: Halten Sie Ihre Freude in Grenzen. Feiern Sie erst, wenn Sie zuhause sind.

Zusammengestellt mit Hilfe von Dr. Uli Pascheberg, der auf der Website www.vatersein.de seine eigenen Erfahrungen einbringt und Väter in Trennungssituationen berät.

Sex für Single-Daddys (und Liebe natürlich auch!)

Als Single-Daddy haben Sie in der Liebe bessere Karten, als Sie vielleicht denken. Denn Sie bringen eine Menge Attribute mit, die Frauen gefallen: Sie sind zuverlässig, fürsorglich, geduldig und haben ein großes Einfühlungsvermögen. Sie strotzen vor Tatkraft und meistern Ihr Leben im Multitasking-Modus. Sogar kochen können Sie, Sie tragen den Müll selbst runter und wissen, wie viel die Milch kostet. Und wenn Sie mit ihren hübschen Kids durch die Fußgängerzone schlendern, lesen die schönen Frauen, die Ihnen begegnen, eine wichtige implizite Botschaft ab: „Der Mann ist zeugungsfähig, und die Kinder sind wirklich entzückend!“ Da weiß frau gleich, woran sie ist …

Beim Flirtfaktor gibt es ein enormes Stadt-Land-Gefälle.

Einschränkend muss gesagt werden: Es gibt beim Flirtfaktor ein enormes Stadt-Land-Gefälle: Wenn Sie mit Ihren Kindern in einer Kleinstadt oder einem Dorf leben, wo die traditionelle „intakte“ Familie noch die Regel ist, wo es kaum Single-Mütter gibt, und Sie als Single-Vater sowieso als exotisches Alien gelten, dann wird es etwas schwieriger, eine *ungebundene* Partnerin zu finden (Doch nicht verzweifeln: Keine Frau ist einem netten Flirt abgeneigt, eine verheiratete schon erst recht nicht). In der

Großstadt schwimmen Sie jedoch wie der Hecht im Karpfenteich. Die Hälfte aller Frauen zwischen 30 und 40 Jahren, die Ihnen begegnen, ist geschieden, getrennt, alleinerziehend, steckt gerade in einer schweren Trennungskrise – irgendwas davon stimmt immer.

Die Frage ist also eigentlich nicht, ob Sie wieder eine neue Partnerin finden, sondern welchen Typ von Partnerin Sie sich für die Zukunft aussuchen. Wie gesagt, als alleinerziehender Papa haben Sie eine ganze Reihe von attraktiven Eigenschaften. Spielen Sie die Karten also so aus, wie sie Ihnen nützen – um das zu bekommen, was Sie wollen. Definieren Sie aber zuerst einmal Ihren Standpunkt und machen Sie sich klar, wen Sie eigentlich suchen. Erfolglose Partnersuche hat bei allen Menschen viel damit zu tun, dass man sich eigentlich nicht klar darüber ist, was / wen man sucht. Haben Sie sich schon einmal gründlich Gedanken darüber gemacht, wie die Partnerin fürs Leben beschaffen sein soll? So gründlich, wie man etwa einen Finanzplan aufstellt oder die Steuererklärung macht? Wenn nicht, sollten Sie innehalten und in sich gehen.

Machen Sie sich klar, was für eine Partnerin Sie suchen.

Missverstehen Sie mich nicht: Die große Liebe ist nicht planbar, sie überkommt einen wie eine Monsterwelle, gegen die man machtlos ist. Wenn Ihnen das passiert, können Sie nur Ihrem Bauchgefühl vertrauen. Wenn Sie sich aber in ruhigeren Gewässern bewegen, wo man sich langsam annähert, wo aus Freundschaft vielleicht Liebe wird, können Sie zwischendurch innehalten und nachdenken. Denn niemand sollte die gleichen Fehler zweimal machen, und jeder sollte im Leben auch die Chance haben, beengende und angstbesetzte Verhaltensmuster abzulegen – denn die sind es meist, die uns gerade zu den falschen Partnern führen.

Welcher Frauentyp passt?

Zurück zur Praxis. Wenn Sie also mit offenen Augen durchs Leben gehen, werden Ihnen in Zukunft eine ganze Reihe unterschiedlicher Frauentypen als potenzielle Partnerinnen begegnen. Die folgende Typologie beruht auf Gesprächen mit zahllosen Männern und eigenen empirischen Feldstudien. Kritiker können zurecht bemängeln, dass sie nicht wissenschaftlich belegt ist. Das nehme ich jetzt mal auf meine Kappe.

Die Glucke

… ist meist Mitte 20 bis Ende 30 und kümmert sich perfekt um ihre eigenen Kinder, und ein paar mehr wären auch nicht schlecht.

Das ist die klassische alleinerziehende Mutter, die „alles richtig" macht. Meist treffen Sie sie am Spielplatz. Obwohl sie in der Vergangenheit schlechte Erfahrungen mit Männern gemacht hat (aber welche Frau hat das nicht?), ist sie jetzt wieder offen für eine Beziehung. Dabei hat sie das Bild der Patchworkfamilie vor Augen: Jeder bringt seine Kinder mit, die vertragen sich wunderbar; und die neuen Partner freunden sich mit den Kids an und werden sogar irgendwann als Ersatzpapa und -mama akzeptiert. Am Ende ist also wieder eine glückliche Familie um den Frühstückstisch versammelt.

Diese Frau stellt klar: Das Wohl ihrer Kinder steht an erster Stelle. Sie arbeitet zwar, aber nur halbtags oder notgedrungen. Lieber würde sie ganz für ihre Kinder da sein. In einer neuen Partnerschaft präferiert sie dann auch eher die klassische Rollenteilung: Sie kümmert sich in Zukunft um die doppelte Anzahl der Kinder, dafür dürfen Sie im Job wieder doppelt reinklotzen.

Mein Tipp

Das kann die ideale Partnerin für Sie sein, wenn sich Ihre Vorstellungen von Familienleben und Arbeitsteilung in der Partnerschaft decken. Patchworkfamilien können tatsächlich funktionieren, wenn eine Reihe von Voraussetzungen gegeben sind. Dass aber alle Altlasten von einem abfallen und nur noch die ideale, heile Familie übrigbleibt, das gibt es nur im Film.

Die Karrierefrau mit Kind

… ist Mitte 30 bis Mitte 40 und alleinerziehend, sie managt ihr Leben tatkräftig. Weitere Kinder haben aber keinen Platz.

Das ist die Frau am Rande des Nervenzusammenbruchs. Immer in Zeitnot, immer gehetzt, dabei schwer ehrgeizig und karriereorientiert. Das eine Kind, das sie hat (denn ein zweites wollte sie auf keinen Fall!), war eher ein Ausrutscher, der sich so ergeben hat. Im Grunde weiß sie, dass ihr Kind heute zu kurz kommt, aber ihre Antwort darauf ist knallhart: „Die Alternative dazu wäre Abtreibung gewesen, und dann wäre das Kind gar nicht da."

Vielleicht hat diese Frau aber unter ihrer harten Schale eine tiefe, weiche, aber verschüttete Seele, die Sie – wenn Sie Geduld haben – freilegen können. Aber Sie müssen sich klar sein: Diese Frau wird Sie nicht wegen Ihrer Kinder lieben. Sie will nur Sie. Warum dann eigentlich ein Mann mit Kind? Ganz einfach: Die Kinder haben ein stabilisierendes Element. Ein alleinerziehender Papa geht abends kaum aus, er treibt sich nicht in Discos und Bars rum, führt ein ruhiges und ordentliches Leben. Damit sind Sie der ideale Partner für eine Frau, die Liebe und sicheren und regelmäßigen Sex als Kompensation für ihr belastendes Berufsleben braucht – aber nicht, um eine Partnerschaft aufzubauen. Und außerdem werden sich, da Sie beide alleinerziehend sind, immer wieder Gemeinsamkeiten und Anknüpfungspunkte für Gespräche finden. Man versteht sich eben. An eine gemeinsame Wohnung ist nicht gedacht.

Mein Tipp

Wenn Sie selbst im Moment auch nicht auf der Suche nach einem „normalen" Familienleben sind, wenn Sie sich nicht vorstellen können, schon wieder eine allzu enge Bindung einzugehen, dann kann diese Beziehung genau die richtige für Sie sein. Unter Umständen finden Sie bei dieser Frau mehr Gemeinsamkeiten, als Sie ahnen. Sie kann Ihre beste Vertraute werden, und der Sex mit ihr wird nie zur Routine, weil er jedesmal ein Geschenk ist.

Die Kinderwollende

... möchte endlich Kinder, und wenn es fremde sind.

Diese Frau begegnet Ihnen überall. Beim Einkaufen im Supermarkt, beim Spazierengehen, auf dem Weg zum Spielplatz. Sie liebt Kinder und wünscht sich welche, hat aber selbst keine. Die erste Reaktion ist oft ein bewundernder, sogar liebevoller Blick auf die Kids, die man dabei hat. Und dann sagt sie vielleicht etwas Nettes. Wenn nicht, können Sie sie ohne Weiteres ansprechen, sie wartet darauf.

Diese Frau tritt in großer Altersbandbreite auf. Sie kann erst 20 Jahre alt sein, dann hat sie eben jetzt schon, in diesem jungen Alter, einen überbordenden Kinderwunsch. Ihre Hormone trommeln jeden Tag auf sie ein: „Werde schwanger!" Sie treffen diese Frau aber meist in reiferem Alter. Sie ist vielleicht Ende Dreißig und hat schon eine Partnerschaft hinter sich. Irgendetwas ist schief gegangen, vielleicht war es auch nur die Karriere, die dazwischenkam. Jedenfalls fühlt sie jetzt deutlicher denn je, dass sie Kinder will. Vielleicht hat sie aber mit dem Gedanken, selbst Kinder zu bekommen, schon abgeschlossen. Dann sind Sie erst recht der Richtige. Denn Sie bringen ja schon alles mit, wonach ihr Herz sich sehnt.

Mein Tipp

Diese Frau stellt Kinder über die Beziehung. Sie kann eine wunderbare, fürsorgende Ersatzmama für Ihre Kinder werden. Allerdings: Es kann sein, dass Sie selbst irgendwann auf der Strecke bleiben. Vor allem wenn die Frau noch jung ist und selbst (von Ihnen) schwanger wird. Wenn das Baby dann da ist, kann es sein, dass der früher so häufige und aufregende Sex rapide nachlässt – denn die Frau hat ja jetzt, was sie wollte. Überprüfen Sie Ihre eigenen Prioritäten, ehe Sie eine engere Bindung eingehen.

Die Gierige

… ist meist zwischen 35 und 50, geschieden, kinderlos und will nur tabulosen, heißen Sex.

Diese Frau geht ziemlich unverblümt auf Sie zu und zeigt Ihnen, was sie will: Sie, Ihren Körper, im Bett. Ohne Umschweife und so schnell und oft wie möglich. Ihre Kinder bedeuten für diese Frau in erster Linie Folgendes: „Dieser Mann ist potent und zeugungsfähig." Die Gierige sieht Ihre Kinder als Referenzen dafür an, dass Sie im Bett schon etwas geleistet haben. Oben erwähnter Bonus kommt noch hinzu: Als Single-Daddy führen Sie ein rechtschaffenes, affärenfreies Leben. Häufig wechselnde Sexpartner wird man Ihnen wahrscheinlich nicht unterstellen (eher gar keine). Aus diesem Grund sind Sie – immer vorausgesetzt, Sie haben sich gut in Schuss gehalten – ein attraktives, berechenbares und nicht gesundheitsgefährdendes Opfer für die Gierige.

Mein Tipp

Wenn Ihnen die Frau nichts vorspielt, sondern Klartext redet, wenn sie zudem noch sympathisch und hocherotisch ist: Na ja, also, ... so was freut uns Männer doch. Warum jetzt plötzlich Skrupel haben?

Die Nymphe

… ist zwischen 18 und 24 Jahren und steht auf erfahrene Männer, die Familie und Kinder schon hinter sich haben.

||| Mein Tipp

Bedenken Sie, dass Sie große Verantwortung übernehmen, wenn sich so eine junge Frau an Sie bindet. Nutzen Sie die Situation auf keinen Fall aus. Reden Sie mit Ihrer jungen Freundin ausführlich über den Altersunterschied, und welche Schwierigkeiten (auch für Dritte) damit verbunden sein könnten. Oft werden Sie die Erfahrung machen, dass die junge Frau weisere Entscheidungen trifft, als Sie selbst. Schließlich: Wenn es echte Liebe ist, wird sie sowieso nicht zu stoppen sein.

Eine seltene, exotische und erotische Spezies. Es ist die gerade erwachsen gewordene Lolita, die auf etwas ältere, erfahrene Männer steht. Ob diese Männer Familie haben oder Kinder, ist zweitranging. Wichtig ist nur: Da ist ein erfahrener, starker Partner, ein richtiger Mann. Die Lolita ist nicht abweisend zu Ihren Kindern, sie ist ja selbst fast noch eins. Es wird im guten Fall eine freundschaftliche Verbrüderung zwischen allen geben. Vorsicht aber, wenn Sie Töchter haben: Der Eifersuchtsfaktor spielt bei einer so jungen Partnerin noch eine wesentlich größere Rolle als ohnehin schon. Letztlich spielen Ihre Kinder für diese Beziehung aber keine Rolle, die meisten Treffen werden ohne Kids stattfinden. Denn die Nymphe will nur *Sie*. Ganz alleine, mit Haut und Haaren.

Die Faule

… ist meist zwischen 25 und 35 Jahren, möchte zwar Kinder, hat aber weder Lust auf Haushalt, noch auf Kindererziehung.

Diese Frau bewundert Sie, weil Sie das alles unter einen Hut kriegen: Kinder, Haushalt, Arbeit und vielleicht auch noch eigene Ziele im Leben. Sie weiß, dass sie das selbst nie schaffen würde. Sie mag zwar Kinder, aber beim Gedanken ans Windelwechseln kriegt sie Schwindelanfälle. Sie isst vielleicht auch gerne, aber macht doch meist einen Bogen um die eigene Küche, sondern geht essen oder lässt sich etwas bringen. Und Hausarbeiten aller Art sind ihr sowieso ein Graus. Sie kümmert sich lieber um die schönen Dinge: Einkaufen, mit Freundinnen treffen oder telefonieren. Ein Mann wie Sie ist also in den Augen der Faulen das perfekte Match: Alles, was ihr selbst fehlt, bringen Sie mit, inklusive wunderbarer Kinder, die man nicht mal großpäppeln braucht. Denn Papa hat ja schon fast die ganze Arbeit erledigt.

||| Hier gibt es nur einen Tipp –
Finger weg! Oder sind Sie masochistisch veranlagt?

Definieren wir unsere Ziele

Wen suchen wir denn eigentlich? Einen Partner fürs Leben, der bereit ist, eine neue Familie mit uns aufzubauen, mit Kind und Kegel und allem drum und dran? Sind Sie bereit dafür? Oder reicht im Moment schon eine „Lebensabschnittsgefährtin"? Oder suchen Sie eigentlich nur Ablenkung und etwas Spaß im Bett? Nichts davon ist schlecht. Nur sollten wir uns über unsere Ziele klar sein.

An welchen Verhaltensmustern sind unsere letzten Beziehungen eigentlich gescheitert? Sind wir bereit und fähig, daran etwas zu ändern? Wie ernst ist es uns mit unserem Bindungswunsch? Können und wollen wir uns überhaupt auf einen anderen Menschen (schon wieder) ganz und gar einlassen? Sind wir bereit, Störungen auszuschalten, die Beziehung zu beschützen und etwas für sie zu tun? Oder vielleicht doch nicht? Sind wir eher der Typ, der die Beziehung sabotiert und auf die Probe stellt?

Überprüfen Sie, ob Sie wirklich schon für eine neue Beziehung bereit sind.

Überprüfen Sie sich, ehe Sie sich wieder auf eine neue Bindung einlassen. Sie werden dadurch bewusster und vermeiden viele Enttäuschungen. Erwarten Sie von einer zukünftigen Partnerin nicht, etwas zu geben, wozu Sie selbst nicht bereit sind. Die Frauen da draußen warten auf Sie. Die Kunst ist nur, die richtige herauszupicken.

Tipp: Nehmen Sie ein Blatt Papier und schreiben Sie möglichst präzise auf, was Sie sich von einer neuen Partnerschaft erwarten. In eine zweite Spalte schreiben Sie dann, wie Ihre künftige Partnerin beschaffen sein sollte, um gemeinsam die neuen Ziele zu erreichen. Vergessen Sie dann den Zettel erst einmal. Machen Sie viele Bekanntschaften, aber ohne diesen Filter im Hinterkopf. Erst wenn es gefunkt hat, vergleichen Sie Ihre Wunschliste mit der potenziellen Partnerin, die Sie kennengelernt haben. Falls es große Unterschiede zwischen Wunsch und Wirklichkeit gibt: Deshalb müssen Sie sich nicht trennen – wer würde das auch schon aufgrund eines Stück Papiers tun, wenn Zuneigung oder sogar Liebe da ist? Aber: Ihre Aufstellung hilft Ihnen einzuschätzen, was Sie von dieser Beziehung realistisch erwarten können.

Und dann – wie reagieren die Kinder?

Sascha (37), der vorletztes Jahr zum alleinerziehenden Vater zweier Mädchen im Alter von 12 und 14 Jahren wurde, erzählt: „Ich bin zwar nicht der Typ, der sich Hals über Kopf in die nächste Beziehung stürzt, aber nach zehn Jahren Ehe möchte man(n) natürlich auch wissen, wie denn der eigene ‚Marktwert' so ist. Ich flirte gerne, und das sowohl im realen wie im virtuellen Leben. Dabei bin ich immer sehr offen bezüglich meiner derzeitigen Situation. Aber was das Thema ‚Freundin' angeht, da gibt es ja auch noch zwei junge Damen, die da ein Wörtchen mitreden wollen. Neulich war ich mit meiner Großen im Auto unterwegs, und da sagte sie zu mir: ‚Papa, solange ich bei Dir wohne, kommt aber keine andere Frau ins Haus, ich will keine Ersatzmama …‘ Ich hab erst mal geschluckt, ihr dann aber erklärt, dass sie wahrscheinlich noch zehn Jahre oder länger bei mir wohnen. Und dass über kurz oder lang bestimmt eine neue Frau in mein Leben tritt. Ich habe ihr aber auch verdeutlicht, dass dies mit Sicherheit keine Ersatzmama ist, denn eine Mutter hat sie ja. Ich wünsche mir, dass meine zukünftige Freundin auch eine Freundin für meine Töchter wird. Dies konnte meine Tochter gut akzeptieren und so habe ich kurz darauf auch die ‚Erlaubnis‘ bekommen, mit einer Bekannten essen zu gehen …“

Die Reaktion der Tochter ist recht typisch. Oft werden Single-Papas erleben, dass ihre Kinder, speziell die Töchter, von regelrechten Eifersuchtsanfällen überwältigt werden. Zum einen lehnen sie es ab, dass die „Neue“ die Mutterrolle einnimmt, zum anderen ist da die Sorge, dass die neue Partnerin den Papa zu sehr in Beschlag nimmt. Dass Sie ihn „wegnimmt“. Und ein neuer Verlust, das wäre das Letzte, was Kinder jetzt erleben wollen oder was man ihnen zumuten sollte.

Eifersucht auf die neue Partnerin ist etwas ganz Normales.

Seien Sie daher behutsam. Nur eine ruhige, vernünftige Erklärung, wie Sascha sie gegeben hat, hilft weiter. Sobald die Kinder verstehen, dass alles in ruhigen Bahnen läuft, dass sie sich keine Sorgen zu machen brauchen, die leibliche Mutter würde verdrängt oder der Vater von der Neuen weggenommen – dann wird sich die Lage entspannen. Dazu müssen Sie aber die richtigen Zeichen setzen. Auch wenn Sie die Liebe und Leidenschaft mit aller Macht erwischen sollte: Denken Sie zuerst an Ihre Kinder.

Die Leiden der Neuen

Die Situation kann für die neue Partnerin belastend werden, insbesondere wenn sich die Expartnerin und Mutter der Kinder / des Kindes zu sehr ins neue Leben drängt. Eine Betroffene schildert es so: „Im Grunde läuft es sehr gut zwischen mir und meinem Freund, wäre da nicht so ein schwelender Konflikt. Der kommt daher, dass die Ex so etwa alle sechs Wochen Stress macht, meist zu Beginn von Ferien. Dabei geht es meist um die Umgangszeiten. Oft, wenn ihr bestimmte Termine nicht passen, die mein Freund vorgeschlagen hat, redet sie dann so mit den Kindern: ‚Na, also euer Papa will euch wohl gar nicht haben …?' Sie ist sehr emotional und noch nicht über die Trennung hinweg. Mir warf sie vor: Der Vater der Kinder wolle wohl lieber mit mir ins Bett, als sich um die Kinder zu kümmern. Das ist alles eine Zumutung und Unverschämtheit, denn sie ist ja diejenige,

Die neue Partnerin braucht Gelassenheit und Verständnis.

die weggegangen ist und meinen Freund und die Kinder allein gelassen hat."

So muss eine neue Partnerin also nicht selten als Prellbock für die unaufgearbeiteten Verletzungen, die zwischen den Expartnern liegen, herhalten. Das unaufgeregt zu überstehen, und dabei auch noch eine gute Freundin für die Kids zu sein, die sich im Streitfall vielleicht auch noch mit der Mutter solidarisieren, ist für die neue Partnerin nicht ganz einfach. Deshalb werden Sie feststellen, dass es oft alleinerziehende Mütter sind, mit denen sich etwas Dauerhaftes Neues entwickelt. Denn diese Frauen haben Ähnliches ja auch schon hinter sich – mit umgekehrten Vorzeichen. Das fördert das Verständnis enorm.

Love it, leave it or change yourself

Seien Sie in Ihrer neuen Beziehung konsequent, aber auch verständnisvoll. Dass vieles konfliktbeladen ist, wenn man nach einer Trennungssituation eine neue Partnerin /einen neuen Partner kennenlernt, ist eher die Normalität als die Ausnahme. Sie sind beide keine Teenager mehr, haben Ihre Geschichte und vielleicht beide verschiedene Altlasten. Die Kunst ist, gut damit umzugehen. Schwierigkeiten sind noch kein Grund für eine Trennung, sondern sollten Motivation dafür sein, sie gemeinsam zu überwinden. Erst das macht sie als Paar stärker.

Bedenken Sie bei allem immer: Sie bekommen nicht mehr, als Sie zu geben bereit sind. Letztlich ist es so, dass wir uns immer den Partner suchen, der in der jeweiligen Lebenssituation am besten zu uns passt. Wenn Sie also in Ihrer neuen Partnerschaft unzufrieden sind, wenn Sie glauben, Sie bekommen nicht genug, dann überlegen Sie zuerst einmal, was Sie an sich selbst ändern können. Falls Sie überhaupt etwas ändern wollen. Öffnen Sie Ihr Herz, und Sie bekommen mehr, als Sie erwarten.

Sie bekommen so viel, wie Sie zu geben bereit sind.

Tu, was du willst!

Sie haben es weit geschafft. Die Zeit von Streit und Trennung liegt hinter Ihnen, Sie haben Ihrem Kind/Ihren Kindern ein sicheres, stabiles Umfeld geschaffen. Die schwierige Balance zwischen Kindererziehung und Berufsleben kriegen Sie immer besser hin. Das alles zehrt aber an den Kräften, manchmal fühlen Sie sich wie ausgebrannt. Eingesperrt im Hamsterrad drehen Sie Ihre Runden. Manchmal sind Sie einfach nur todmüde, an anderen Tagen verfallen Sie in Depression.

Seien Sie gewiss: Vielen geht es so. Abertausenden alleinerziehenden Müttern und immer mehr Vätern. Nur, es ist noch keine Hilfe, zu wissen, dass es anderen ähnlich geht. Es zeigt Ihnen aber: Was Sie durchlaufen, ist eine ganz normale Reaktion auf das tägliche Gefordertwerden bis zur Grenze. Sie tragen für Ihr Kind/Ihre Kinder die Verantwortung ganz alleine – jedenfalls in der Normalität des täglichen Lebens. Wenn Sie sich einmal schlecht fühlen, krank oder niedergeschlagen sind: Es fehlt der Partner, der zweite Elternteil, der dann einspringt. (Niemand sagt, dass das in „intakten Familien" tatsächlich immer so ideal abläuft, aber die Chance dazu ist zumindest da.)

Wenn Sie nicht versauern wollen, müssen Sie ausbrechen. Temporär. Verlassen Sie das Hamsterrad. Dazu brauchen Sie nicht gleich auf die Fidschi-Inseln zu fliegen. Viel wichtiger:

Nehmen Sie sich Zeit für sich. Entdecken Sie Ihre Hobbys (wieder). Treffen Sie sich mit Freunden wie früher, als Sie noch Single waren. Unternehmen Sie Ausflüge und Reisen, wenn Sie das früher gern gemacht haben. Ob Sie Ihre Kinder dabei mitnehmen oder nicht, ist gar nicht so relevant. Es geht nicht darum, die Kinder irgendwo abzustellen – das werden Sie gar nicht wollen. Das Entscheidende ist: Setzen Sie Ihre Wünsche und Ihre Interessen mal an die erste Stelle. Fragen Sie mal nicht, was die Kinder gern tun würden. Folgen Sie Ihrem eigenen Plan und bauen Sie das Kind/die Kinder dann darin ein, wenn es passt.

Setzen Sie Ihre Wünsche an die erste Stelle.

Ein alleinerziehender Vater aus Würzburg, passionierter Segelflieger, berichtet: „Als meine beiden Söhne von der Mutter praktisch bei mir ‚abgegeben' wurden, hatte ich alle Mühe, meinen Job zu halten. Es ging nur gut, weil mein Arbeitgeber großes Verständnis hatte und mich halbtags arbeiten ließ. Ans Fliegen war dann erst mal nicht mehr zu denken. Ich bekam so wenig Flugstunden zusammen, dass ich fast meine Lizenz abgeben musste. Erst ein Jahr später kriegte ich die Kurve. Als meine Jungs mal bei meiner Schwester waren, ging ich zum ersten Mal wieder fliegen, und da merkte ich erst, was ich vermisst hatte. Eine Woche später nahm ich die Jungs mit und machte mit ihnen einen Flug, obwohl sie erst knapp vier Jahre alt waren. Es war eine einmalige Erfahrung. Heute, zwei Jahre später, nenne ich sie meine Zwillings-Copiloten."

Ihr Hobby muss ja nicht so spannend und ausgefallen sein. Es geht ums Prinzip. Wenn Sie früher gern im Hobbykeller an der Werkbank waren – tun Sie es weiter. Wenn Sie ein leidenschaftlicher Jogger waren – laufen Sie weiter. Wenn Sie Briefmarken sammeln – sammeln Sie weiter. Entscheidend ist, dass Sie das, was Sie einmal für sich als positiv und sinnstiftend entdeckt haben, nicht brachliegen lassen. Die Tatsache, dass Sie alleinerziehender Papa geworden sind, kann und soll Ihr Leben bereichern, nicht einschränken oder behindern. Das ist zunächst etwas, das im Kopf stattfindet.

Sicher, es wird auch viele Aktivitäten geben, in die Sie Ihr Kind / Ihre Kinder nicht einbinden können oder wollen. Dafür ist es wichtig, wie schon an anderer Stelle gesagt, ein gutes Netzwerk aus Familie, Freunden und Nachbarn zu haben, die sich vorübergehend mal um Ihre Kinder kümmern können. Und nicht zu vergessen, die Kindsmutter: Wenn Sie das mit dem „Umgang" vernünftig hinkriegen, werden Sie planbare freie Tage, Abende und Nächte haben.

Reisen mit Kindern – gar nicht schwer

Kinder reisen gern. Es ist für sie ein Abenteuer, oft ein unvergessliches Erlebnis. Und Kinder sind keine anspruchsvollen Reisenden, sie kommen mit vielen Situationen klaglos klar: schaukelnde Busfahrten, endlose Flüge oder auch stundenlange Fußmärsche, alles ist machbar, alles halb so schlimm. Nur eins ist Bedingung: Die Bezugsperson muss da sein. Kinder fühlen sich dort zu Hause und geborgen, wo Vater oder Mutter ist. Das Drumherum ist Nebensache. Darum ist Reisen mit Kindern viel leichter, als man denkt.

Kinder sind keine anspruchsvollen Reisenden.

Aber nur, wenn Sie immer aufmerksam für ihre Kids da sind, wenn es Teamwork ist. Das bestätigt auch die Autorin Hilla Finkeldei, die ihre erste Reise-mit-Kind-Erfahrung während einer mehrmonatigen Tour durch Australien und Tasmanien machte. Dabei: Der damals sechsjährige Sohn Robin. Inzwischen hat sie mehrerer Ratgeberbücher zum Thema „Reisen mit Kindern" verfasst (↑ Literatur, S. 151).

Also keine Panik, auch wenn Sie alleinerziehend sind. Wenn Sie schon lange eine spannende Fernreise vorhatten – buchen Sie sie eben mit Kind. Wenn Sie eine fünftägige Wanderung durch die Alpen vorhaben: Nehmen Sie ihre Kinder mit. Ab dem Alter von etwa vier bis fünf Jahren können Sie Ihre Kinder fast überall mit „einbauen". Falls das Kind doch zu jung für die Unternehmung sein sollte, lassen Sie sich trotzdem nicht aufhalten. Sorgen Sie für hundertprozentig zuverlässige Betreuung und folgen Sie vorübergehend alleine Ihrem Plan. Ohne schlechtes Gewissen.

Warum ich das betone: Alleinerziehende, die überraschend mit dieser Situation konfrontiert werden – und bei Männern ist dies sehr häufig so – haben zunächst vielfach eine Riesenpanik, auch ja alles richtig zu machen. Sie tendieren dazu, sich übervorsichtig zu verhalten und die gewohnten Bahnen kaum noch zu verlassen. Zu Beginn ist das sicher eine vernünftige und verständliche Reaktion. Nach einer Weile aber sollten Sie zusehen, dass wieder Normalität einkehrt. Lassen Sie das Leben in seiner ganzen Bandbreite zu. Und dazu gehören eben auch Unternehmungen, Reisen, Abenteuer. Ihr Kind / Ihre Kinder werden aufblühen, und das gemeinsam Erlebte wird Vater und Kinder zusammenschweißen.

Aus eigener Erfahrung: Für mich selbst waren Reisen schon immer sehr wichtig, sei es privat oder beruflich. Wann immer möglich, war ich mit der ganzen Familie auf Achse. Meine Töchter machten ihre ersten Fernreisen im Alter von zwei oder drei Monaten, damals war die Mutter noch „an Bord“. Im Alter von sechs und drei Jahren konnten meine Mädchen ihren Freudinnen schon von Hongkong, Singapur, Sydney, Bali und vielen anderen Orten erzählen. Als alleinerziehender Papa habe ich daran nichts geändert. Heute sind wir sehr oft zu dritt unterwegs, auch bis ans andere Ende der Welt. Mein Fazit: Reisen ist keinesfalls stressiger, als mit zwei Kindern alleine zu Hause zu sitzen. Aber man hat wesentlich mehr davon.

Aber natürlich sollen Sie sich nicht kopfüber ins Abenteuer stürzen. Bereiten Sie sich gründlich vor. Hier nur ein paar grundlegende Tipps, jedoch ohne jeden Anspruch auf Vollständigkeit:

- **Dokumente:** Kinder können entweder mit einem eigenen Kinderausweis verreisen, oder Sie können das Kind / die Kinder auch in Ihren Pass eintragen lassen. Beides ist meist ausreichend für Reisen zu Standard-Touristenzielen. Bei etwas ausgefalleneren Reisezielen, sei es in Asien, Afrika oder Südamerika, kann es sein, dass das nicht ausreicht. Auf der sicheren Seite sind Sie, wenn Ihr Kind einen eigenen, vollwertigen Reisepass hat, in den auch ein Visum eingetragen werden kann. Informieren Sie sich vor Reiseantritt bei der Botschaft oder einem Konsulat des Ziellandes. Denken Sie auch an die üblichen Fristen, die ein Dokument vor Reiseantritt noch gültig sein muss usw.
- **Impfungen:** Die Standard-Impfungen (Diphtherie, Tetanus, Keuchhusten, Kinderlähmung, Masern, Mumps, Röteln, Windpocken, Hepatitis B) sollte Ihr Kind ohnehin haben (bzw. die leichteren Kinderkrankheiten schon hinter sich). Hinzu kommen eventuell noch Haemophilus Influenza Typ B, Pneumokokken und Meningokokken. Es gibt heute sehr gute Kombinationsimpfstoffe, mit denen bis zu sechs Impfungen auf einmal abgedeckt werden können.

Checken Sie das Impfbuch und reden Sie mit Ihrem Arzt. Welche zusätzlichen Impfungen oder vorbeugende Maßnahmen für Ihr Reiseland nötig sind, erfahren Sie vom nächstgelegenen Tropeninstitut. Telefonnummern und Adressen der Tropeninstitute finden Sie z.B. unter www.dtg.org. Weiterführende Infos erhalten Sie unter: www.gesundes-reisen.de

- **Krankenversicherung:** Wenn Sie in der Europäischen Union oder im Europäischen Wirtschaftsraum (EWR) verreisen, können Sie die Leistungen der deutschen gesetzlichen Krankenversicherung in Anspruch nehmen. Dazu müssen Sie aber bei Ihrer Krankenkasse rechtzeitig eine Europäische Krankenversicherungskarte beantragen.
- **Reisekrankenversicherung:** Der Abschluss einer speziellen Reisekrankenversicherung empfiehlt sich insbesondere bei Reisen über Europas Grenzen hinaus. Viele Versicherer bieten entsprechende Pakete an, auch für Familien.
  Die Konditionen sind recht unterschiedlich, es gibt zum Beispiel Pakete, die für eine Reisedauer von bis zu sechs Wochen die Risiken übernehmen, sowohl für eine Behandlung vor Ort, als auch – wenn nötig für einen Rücktransport. Für die meisten Reisen ist so eine Versicherung, die für unter 50 Euro komplett für die ganze Familie zu haben ist, ausreichend.

- **Reiserücktrittsversicherung:** Da immer mehr Unwägbarkeiten ins Spiel kommen, wenn man nicht alleine, sondern mit Kindern verreist, ist sie anzuraten. Was viele nicht wissen: Die Reiserücktrittsversicherung versichert nicht nur den Hinflug, sondern auch den Rückflug. Wenn also unterwegs etwas Unvorhergesehenes geschieht, und Sie gut begründbar den Rückreisetermin verändern müssen, zahlt der Versicherer die Kosten der Umbuchung oder auch den Aufpreis zum geänderten Ticket (der enorm sein kann).
- **Allgemeine Infos:** Je entlegener Ihr Reiseland ist, umso gründlicher sollten Sie sich vorbereiten. Aktuelle Informationen, etwa über die Sicherheit Im Urlaubsland und etwaige Einreiseformalitäten finden Sie unter www.auswaertiges-amt.de, Zollbestimmungen können Sie unter www.zoll.de abrufen.
- **Online-Reiseführer:** Wenn Sie sich vorab schon mal ein Bild von Ihrem Zielland machen möchten, gehen Sie zum Beispiel auf www.vidado.com. Hier gibt es Bilder von Sehenswürdigkeiten, Stränden und Landschaften vieler populärer Urlaubsziele. Das A und O für Weltenbummler ist die Seite www.lonelyplanet.de. Hier finden Sie kompetent zusammengestellte Infos auch zum entlegensten Winkel der Erde.

Jetzt kann's losgehen!

Eine Kur gefällig?

Oder sind Sie gar nicht der Typ, der Lust hat, sich auf eigene Faust mit Kindern im Gepäck in die Lüfte oder sonstwohin zu schwingen? Mögen Sie es abgesichert, beschaulich und durchorganisiert? Und womöglich auch noch in der Gruppe mit Gleichgesinnten? Dann habe ich einen Geheimtipp für Sie: Wie wäre es mit einer Kur für ausgebrannte Papas? Und die Krankenkasse spendiert Sie Ihnen.

Aber ernsthaft: Eine Kur ist natürlich *kein* Urlaubsersatz! Ziehen Sie das nur in Erwägung, wenn es einen konkreten medizinischen Hintergrund gibt. Es schadet aber sicher nicht, wenn Sie wissen, dass es so ein Angebot für Männer überhaupt gibt. Früher wurden ausschließlich die Mütter (z. B. vom Müttergenesungswerk) auf Kur geschickt, weil die „seelischen Belastungen im Familien- und Erziehungsalltag krank machen können". So das Informationsblatt „Informationen zu Vorsorge- und Rehabilitationsmaßnahmen für Mütter und Väter" des Bundesministeriums für Gesundheit (April 2007). Inzwischen gibt es neben den bekannten Mutter-Kind-Kuren auch ganz offizielle Vater-Kind-Kuren, denn immer mehr Väter (besonders alleinerziehende) fragen danach.

Es gibt auch Vater-Kind-Kuren.

Die erste reine Vater-Kind-Kur fand 2001 als Pilotprojekt der Caritas auf der schicken ostfriesischen Insel Norderney statt, Dort kurten drei Wochen lang 25 Väter mit

38 Kindern, und das Programm war speziell auf die Männer zugeschnitten. Die Veranstalter fühlten sich in die männliche Psyche ein: „Weniger Reden (als die Frauen) dafür mehr Bewegung, Wettkampfspiele statt Gymnastik, Wattwanderung statt Strandspaziergang." Darüber kann man genüsslich lächeln. Tatsache ist, dass die Veranstaltung ein Riesenerfolg war. Ähnliche Angebote gehören inzwischen längst zum Standardprogramm.

Für Papas – Wettkampfspiele statt Strandspaziergang

Rechtlich sieht es so aus, dass „alle Frauen (und Männer) in Familienverantwortung Anspruch auf eine medizinische Vorsorge- oder Rehabilitationsmaßnahme nach §§ 24 und 41 SGB V haben, wenn diese medizinisch indiziert ist und die Ärztin oder der Arzt die medizinische Notwendigkeit dieser Maßnahme attestiert hat." So formuliert es ein Informationsblatt des Bundesgesundheitsministeriums. Seit dem 1. April 2007 sind Mutter-/Vater-Kind-Kuren als stationäre Leistungen der medizinischen Vorsorge oder Rehabilitation Pflichtleistungen der Krankenkassen. Das heißt, es gibt für die Kassen kaum noch eine Möglichkeit, so eine Kur abzulehnen, wenn Sie ein vernünftig begründetes Attest Ihres Arztes vorlegen.

Die medizinischen Indikationen, die eine Kur rechtfertigen, können vielfältig sein. Die häufigsten Symptome, mit denen Männer in eine Vater-Kind-Kur aufgenommen werden, sind Erkrankungen des Bewegungsapparates, psychosomatische Störungen, Atemwegsprobleme sowie Herz-Kreislauf-Erkrankungen. Zu den psychosomatischen Störungen zählen auch depressive Verstimmungen und schwere Belastungen durch Schmerz oder Trennung.

Kinder kommen entweder als gesunde Begleitpersonen mit zur Kur (wenn sie zuhause nicht betreut werden können) oder werden mitbehandelt. Diskutieren Sie dies mit Ihrem Kinderarzt. Oft zeigen Kinder nach Trennungen der Ehepartner Auffälligkeiten, etwa Konzentrationsstörungen, ein geschwächtes Immunsystem, Labilität. Wenn dies der Fall ist, wird Ihr Arzt auch Ihrem Kind/Ihren Kindern ein Attest ausstellen.

Es gibt verschiedene Wege zur Kur:

- Wenden Sie sich an eine Kurvermittlungsstelle, beispielsweise der Caritas, der Arbeiterwohlfahrt, dem Paritätischen Wohlfahrtsverband oder der Diakonie und lassen Sie sich beraten. Dort erhalten Sie auch die Antragsformulare, die Sie bei der Krankenkasse einreichen müssen.
- Fragen Sie direkt Ihre Krankenkasse.
- Machen Sie sich im Internet schlau: Der Paritätische Wohlfahrtsverband Baden-Württemberg etwa hat unter www.kur.org eine sehr gute Internet-Seite eingerichtet, auf der Sie zielgenau ein Kurangebot nach Ihren Bedürfnissen finden können. Dort stehen auch alle Formulare

zum Download bereit. Ihr Antrag, inklusive des Arzt-Attestes, wird dann nicht durch Sie selbst bei der Krankenkasse eingereicht, sondern durch den Träger der Kurmaßnahme. Das erspart Ihnen einiges an Arbeit.

- Viele weitere Klinikträger werben ebenfalls im Internet um Kunden. Googeln Sie einfach mal „Vater-Kind-Kur“ und lassen sich überraschen.

Thema Geld

Alle gesetzlichen Krankenkassen müssen Vater-Kind-Kuren voll finanzieren – bis auf eine Zuzahlung von 10 Euro für einen Erwachsenen pro Kalendertag. Die Kinder sind frei. Bei einer dreiwöchigen Kur also 210 Euro. Bei den Fahrtkosten wird unterschieden zwischen Kuraufenthalten zur Rehabilitation und solchen zur Vorsorge. Bei ersteren übernimmt die Krankenkasse auch die Fahrtkosten, bei letzteren leistet sie nur eine Zuzahlung von zehn Prozent. Rehabilitationskuren sind überall da angezeigt, wo sich die Störung (sei es physisch oder psychisch) bereits ausgeprägt hat. Besprechen Sie das mit Ihrem Arzt.

Bei der Suche nach der Kur Ihrer Wahl haben Sie drei Möglichkeiten:

- Melden Sie sich bei einer Klinik an, die kein spezielles Männerprogramm bietet: Dann sind Sie wahrscheinlich alleine unter Frauen.

- Melden Sie sich für eine dezidierte Vater-Kind-Kur an. Dann sehen Sie Frauen höchstens als Zimmermädchen oder Masseurin, sind aber sonst nur unter Männern.
- Suchen Sie nach einer Kur speziell für Alleinerziehende. Hier sind Sie dann höchstwahrscheinlich der Hahn im Korb.

Raten Sie mal, bei welcher Variante der Flirtfaktor am höchsten ist … Aber hoppla, das war ja ein anderes Kapitel!

Esoterisches Schlusskapitel

Im letzten Kapitel, nachdem wir nun schon so allerhand durchgemacht haben, gehe ich zum Du über. Es geht jetzt darum, nach vorne zu schauen und dabei die Vergangenheit als Wissensschatz mitzunehmen. Nicht alles aus der Vergangenheit – aber das, was uns fördert, nützt und voranbringt. Unser Leben ist ein Buch mit vielen Seiten. Was aber auf den Seiten steht, manifestiert sich erst beim Umblättern. Wie die Geschichte ausgeht, liegt an uns. Wir sind die Schriftsteller unseres eigenen Lebens. Wir können uns eine gute Rolle auf den Leib schreiben oder eine schlimme. Es ist alles offen und liegt in der Kraft der Gedanken. Im Leben ist alles für alle im Überfluss vorhanden. Wir müssen nur unseren Willen richtig einsetzen.

Blut ist dicker als Wasser

Die Kinder: Du hast eine große Chance im Leben bekommen. Als alleinerziehender Vater wirst du deinen Kindern viel näher kommen als bisher. Du wirst dich damit beschäftigen, was Kindererziehung eigentlich bedeutet, in der Praxis und theoretisch. Du hast gespürt, dass Blut dicker ist als Wasser. Einen Freund zu *verlieren* tut weh, vielleicht sogar lange, aber man kann es verschmerzen. Vom eigenen Kind *getrennt* zu sein und es nicht mehr sehen zu können, ist etwas ganz anderes. Es ist ein Schnitt in deine Existenz. Viele alleinerziehende Väter haben vorübergehend diese Erfahrung gemacht, ehe das Kind/die Kinder zu ihnen kam/-en. Danach ist nichts mehr wie zuvor. Du hast erkannt, wie wichtig dir deine Kinder wirklich sind. Als alleinerziehender Vater wirst du deinen Kindern deshalb immer den Stellenwert geben, den sie verdienen. Ihr werdet ein grandioses Team. Du siehst sie neben dir aufwachsen und bist an jedem Tag stolz auf sie.

Die Schwingungen des Unterbewussten

Die Ex: Deine Expartnerin, die Mutter deiner Kinder/deines Kindes, wird ein Teil deines Lebens bleiben. Mache das Beste daraus. Dass Menschen sich trennen, auseinander gehen, liegt meist nicht nur an einem von beiden. Es ist eine Wechselwirkung, manchmal ein übertrieben schnelles Sich-Hochschaukeln. Oft wird die Beziehung dann vorschnell mutwillig zertrümmert, weil man einfach nicht genug Geduld hat.

Ihr habt euch getrennt. Vielleicht war es ein schlimmer Abschied, vielleicht sogar Krieg und Terror. Auch wenn du meinst, du seist aufs gemeinste hintergangen worden, auch wenn du glaubst, du bist verraten: Frage auch immer nach deinen Anteilen. Erinnere dich, dass du diese Frau ja auch einmal geliebt hast. Warst du damals geistig umnachtet? Wahrscheinlich nicht. Euer System hat damals einfach noch funktioniert. Wenn sich zwei Menschen zusammentun, dann finden sie etwas ineinander. Es ist die Kompatibilität der unbewussten Anteile, der Schwingungen des Unterbewusstseins, die uns zusammenhält. In vielen Fällen ist es aber nur ein vorübergehender Gleichklang. Es gibt da keine Schuld. Versuche also, ein entspanntes, normales Verhältnis zu deiner Ex hinzukriegen. Erwarte keine Wunder, so etwas braucht Zeit von beiden Seiten, aber man kann Fortschritte machen. Im Idealfall werdet ihr irgendwann Freunde – aber das ist weiß Gott ein langer Weg …

Schwingungen des Unterbewusstseins halten uns zusammen.

Die Balance finden

Arbeit: Wenn du Arbeit hast, behalte sie. Wenn du keine hast, suche dir eine. Arbeit ist die nach außen gewandte Perspektive im Leben. Werde nicht zum Nur-Papa-und-Hausmann. Das wäre dir zu langweilig und auch nicht erfüllend. Beschäftige dich mit deiner Work-Life-Balance. Also, wie man das alles, eigene Ziele und Wünsche, Kindererziehung und Beruf und Arbeit unter einen Hut kriegt. Es gibt dafür kein Patentrezept. Letztlich geht es darum, den Dingen den richtigen Stellenwert zu geben.

Ist etwa ein moderner Manager, der fünfmal in der Woche um halb fünf morgens aufsteht, zum Flughafen rast und den ersten Flug nach London nimmt, um dann abends um 21 Uhr zurückzufliegen, wirklich glücklich? Man nimmt solche Strapazen nur auf sich, wenn man es befriedigend findet, sinnstiftend. Zu recht? Ist man wirklich unersetzlich? Ist es befriedigend, sich so abzustrampeln? Ist es klug?

Bring dein Leben ins richtige Gleichgewicht.

Unter einer Brücke zu sitzen und sich von einer Flasche Rotwein zu ernähren, ist aber auch nicht wirklich befriedigend, wenn man es nüchtern betrachtet. Und als Alleinerziehender ausschließlich seine Kinder zu betütteln, auch nicht. Finde den Mittelweg. Und suche dir dazu eine Arbeit, die dich erfüllt, die du gern tust.

Liebe braucht Zeit

Die neue Partnerin: Liebe würzt das Leben. Bitter, süß oder sauer. Liebe ist nie einfach. Aber sie ist auch nie langweilig. Du kannst den einfachen Weg gehen und dich abschotten. Schließlich bist du verletzt und enttäuscht worden. Vielleicht ist es richtig, für eine Weile alleine zu sein. Du kannst dich auch in Affären stürzen, du bist zu jung, um zu versauern. Du kannst es richtig krachen lassen. Auf Dauer aber brauchst du Liebe.

Deine letzte Partnerschaft hat nicht geklappt. Es ist deine Chance, jetzt die echte, große Liebe zu finden. Deine letzte Partnerin war es nicht – denn sonst wärt ihr noch zusammen. Geh mit offenen Augen durch die Welt. Dadurch dass du alleinerziehender Vater bist, hast du nicht weniger Möglichkeiten, deiner Traumfrau zu begegnen (und ihr näher zu kommen), sondern mehr. Die Frauen da draußen wollen von dir verzaubert werden. Viele suchen Liebe genau wie du. Es ist ein altes Spielchen und ganz einfach. Schwierig ist nur, die Richtige zu finden. Lass dir Zeit.

Sei konsistent

Die Ziele: Glaube an die Kraft deiner Gedanken. Dein Leben hat sich in den letzten Jahren vielleicht radikal verändert. Begreife den Neuanfang als Chance. Mache dir konkrete Gedanken darüber, wie dein Leben in Zukunft aussehen soll. Willst du nichts sehnlicher, als wieder eine Partnerin zu finden, damit ihr wieder eine „intakte“ Familie seid? Dann geh den Weg dahin. Sei vorsichtig dabei, denn nicht jede Frau, der du begegnest, bringt dafür genug Familiensinn mit. Sei also wählerisch.

Oder willst du dich gar nicht mehr so eng binden? Jedenfalls nicht zur Zeit und nicht so schnell? Bist du schon mit deinen Kindern genug ausgelastet? Würde dich jede weitere Person in den Wahnsinn treiben? Auch für dieses Lebensmodell findest du eine passende Partnerin. Eine, die ihr eigenes Leben lebt. Eine, die du vielleicht nur ab und zu triffst. Egal, wie du gestrickt bist: Mache dir erst mal klar, was du eigentlich willst, was du anstrebst und was du erreichen möchtest.

Um das Richtige zu finden, muss man zunächst einmal wissen, wonach man sucht. Schreibe es auf. Mache dir einen Wunschzettel fürs Leben. Schreibe darin deine privaten und deine beruflichen Wünsche ganz ehrlich auf. Überprüfe später zwischendurch immer wieder mal, was du aufgeschrieben hast. Kontrolliere dich: Bist du noch in der Spur? Oder stimmen deine Handlungen und deine Wünsche gar nicht überein? Gehst du mit dem, was du tust, in eine ganz andere Richtung? Dann korrigiere dich. Oder korrigiere deine Wünsche. Aber sei konsistent. Sei geradlinig, ehrlich und aufrichtig, auch dir selbst gegenüber. Gehe genau dahin, wo du hinwillst, dann kommst du auch an.

Nachwort

Wie die meisten der Männer, die ich für dieses Buch interviewt habe, kam auch ich ziemlich „überraschend“ zu meinen Kindern – um nicht zu sagen schockartig. Ohne es zu wollen, ohne es zu wissen, wurde ich von heute auf morgen zum alleinerziehenden Vater. Ein radikaler Schnitt in meinem Leben. Alles veränderte sich: die Arbeit, der Tagesablauf, die Freizeitbeschäftigungen, auch das Einkommen. Und die Prioritäten verschoben sich: Zuerst einmal waren die Kinder wichtig, danach kam alles andere.

Heute, vier Jahre später, hat sich das etwas relativiert: Die Kinder werden ganz automatisch ins Leben eingebaut – für viele alleinerziehende Mütter eine Selbstverständlichkeit. Doch wir Väter müssen das erst einmal lernen.

Auch das Verhältnis zur Ex hat sich entspannt, fast normalisiert. Die Kinder sehen die Mutter regelmäßig. Sie entwickeln sich prächtig, denn ich gebe ihnen ein stabiles Umfeld, Verlässlichkeit und hoffentlich eine Menge brauchbarer Gedanken fürs Leben.

Und mein eigenes Leben bleibt spannend: mit neuer Liebe, Leidenschaft und manchmal auch wilden Szenen. Eine gemeinsame Wohnung ist nicht geplant. Ich bleibe also Single-Daddy, bis auf Weiteres.

Danksagung

Danken möchte ich vor allem jenen Vätern, die in zum Teil sehr umfangreichen und tiefgehenden Interviews aus ihrem Leben erzählten und ihre Erfahrungen einbrachten: Neil Baker, Holger Bergen, Michael Gnodtke, Leopino Guidi, Sascha Lansen, Ralf Köhler, Michael Offenhäusser, Uli Pascheberg, Jörg Rupp, Detlef Schneider, Mirko Wächter, Maximilian von F., Ralf G. Uwe G., T. K., Andreas M., Harald N., Lars P., Mario R., Dirk S., Martin Z., Uwe Z.

Mein besonderer Dank gilt auch: Nina Hucklenbruch, Susanne Ehlert, Jörg Fiedler, Beatriz Loos, Dr. Hans Schleicher, Maria Anna Söllner, Peter Thiel, Anette Wandres, Mark Wachsmann sowie Elena, Gianna, Johanna, Heike, Marc, Marta, Rick und Tina.

Ihre Meinung zu diesem Buch ist wichtig – auch für mögliche Folgeprojekte. Sie erreichen den Autor per E-Mail: autor@singledaddys.de

Die Website des Autors: www.textundtext.de

Literatur

Bundesministerium der Justiz, Wesentliche Inhalte des Regierungsentwurfs zur Reform des Unterhaltsrechts, Informationen für die Presse, Berlin, April 2006.

Finkeldei, Hilla, Cook doch mal. Drei Monate mit Kind durch Australien, Verlag Monsenstein und Vannerdat 2004.

Hucklenbruch, Nina, Bildungs- und Karrierewege von alleinerziehenden Vätern, Diplomarbeit Universität Duisburg-Essen, 2007.

Jäckel, Karin, Der gebrauchte Mann. Abgeliebt und abgezockt, dtv 2000.

Kindler, Heinz / Reinhold, Claudia, Umgangskontakte: Wohl und Wille des Kindes, in: FPR – Familie, Partnerschaft, Recht, Interdisziplinäres Fachjournal für die Anwaltspraxis, Nr. 7- 8, 2007.

Klüber, Antje / Terlinden-Arzt, Patricia, Die Bedeutung des Umgangs für das Kind aus entwicklungs- und familienpsychologischer Sicht, in: FPR – Familie, Partnerschaft, Recht, Interdisziplinäres Fachjournal für die Anwaltspraxis, 2002.

Loos, Beatriz, Mein(e) Ex zahlt mir keinen Unterhalt – was kann ich tun?, in: Das Online-Familienhandbuch, www.familienhandbuch.de / cmain / f_Fachbeitrag / a_Rechtsfragen / s_1976.html

Matzner, Michael, Vaterschaft heute. Klischees und soziale Wirklichkeit, Campus Verlag 1998.

Matzner, Michael, Vaterschaft aus der Sicht von Vätern, VS Verlag 2004.

Michels, Inge, Wie trenne ich mich am besten von meinem Partner?, in: Das Online-Familienhandbuch, www.familienhandbuch.de/cmain/f_Aktuelles/a_Trennung_Scheidung/s_139.html

Proksch, Roland, Begleitforschung zur Umsetzung der Neuregelungen zur Reform des Kindschaftsrechts für das Bundesministerium der Justiz, Schlussbericht, März 2002.

Roth, Katja, Das MOSAIKPrinzip. So werden Sie zum Baumeister Ihres Lebens, mvg 2007.

Schleicher, Hans, Die verschiedenen Arten elterlicher Sorge, In: Das Online-Familienhandbuch, www.familienhandbuch.de/cmain/f_Fachbeitrag/a_Rechtsfragen/s_585.html

Seiwert, Lothar J., 30 Minuten für deine Work-Life-Balance, Gabal 2007.

Nützliche Internetangebote

Für Väter

www.vatersein.de
Eines der regsten und bestgeführten deutschen Internet-Portale für Väter. Immer aktuell.

www.vaeter.de/foren
Dieses Portal bietet Diskussionsforen für Väter in unterschiedlichen Lebenssituationen, auch für alleinerziehende Väter.

www.pappa.com
Engagiert gemachte Seite, vor allem aus der Sicht und für Trennungsväter.

www.vater.ch
Die Schweizer Startseite für Väter. Mit sehr guten Links und Infos.

www.paps.de
Gut gemachte Online-Zeitung aus der „Welt der Väter". Nützliche Artikel, Dossiers (Hintergrund) und gut zusammengestellte Links.

Für Alleinerziehende & Eltern

www.allein-erziehend.net
Privat gemachtes, aber aktuellstes deutsches Alleinerziehenden-Portal. Viele Unterforen, auch zu Rechts- und Finanzfragen, genauso wie zu Alltagsproblemen.

www.alleinerziehend.at
Homepage eines Linzer Alleinerziehenden-Vereins. Online-Beratung und Infos, aber leider recht unstrukturiertes Forum.

www.1eltern.ch
Die Schweizer Startseite für Alleinerziehende. Gute und rege frequentierte Foren, Infos zu allen relevanten Themen.

www.webfamilie.at
Gut gemachtes österreichisches Forum für Familien allgemein. Bietet aber auch Unterforen für Alleinerziehende.

www.halbvoll.net
Die Macher dieser Seite stellen die Kontakt- und Partnersuche der Alleinerziehenden in den Vordergrund. Gute Idee der Wiener Seitenbetreiber.

www.allein-erziehend.at
Ebenfalls eine Partnersuch-Seite, jedoch kommerzieller und professioneller als obige.

Andere nützliche Links

www.familienhandbuch.de
Sehr gutes Online-Nachschlagewerk mit vielen Fachartikeln zu fast allen Themenbereichen rund um Familienleben, Erziehung, Trennung, Sorgerecht usw.

www.unterhalt123.de
Gut gemachter Internet-Auftritt der Würzburger Familienrechtlerin Beatriz Loos. Infos rund ums Unterhaltsrecht.

www.123recht.net
Allgemeine Rechtsseite, mit einer Unterkategorie Familienrecht. Sehr viele und umfassende Infos.

www.chefkoch.de
Prima Rezeptsammlung – mit vielen kreativen Rezepten, auch für den Kindergeschmack.

www.aupair-vermittlung.de
Eine von vielen Au-pair-Agenturen im Netz. Diese hier mit langer Erfahrung und recht einfacher Online-Navigation.

www.gesundes-reisen.de
Alle medizinischen Infos für Fernreisende, Länderdaten, Beratung, Links usw.

Register

humboldt

... bringt es auf den Punkt.

Barbara Link

Moderne Familienformen

Navigationshilfe für Alleinerziehende und Patchwork-Familien

160 Seiten, 12,5 x 18,0 cm, Broschur
ISBN 978-3-89994-168-5
€ 8,90

Alleinerziehend oder Patchwork-Familie – wer in sogenannten „modernen Familienformen" lebt, für den hält der Alltag viele Herausforderungen bereit. Die Autorin zeigt Lösungswege für die typischen Probleme und macht all jenen Mut, die sich hin und wieder schlicht überfordert fühlen. Mit vielen praxiserprobten Tipps!

- Der erste Ratgeber für Alleinerziehende und Patchwork-Familien voller praxiserprobter Tipps
- Alle wichtigen Informationen verständlich in einem Buch

Die Autorin

Die Journalistin Barbara Link hat Artikel zu den Themen Familie und Kinder in Deutschlands renommiertesten Zeitungen und Magazinen veröffentlicht, mehrere Bücher geschrieben und ist selbst alleinerziehende Mutter.

Stand Juli 2008. Änderungen vorbehalten.